下重暁子

家族という病

幻冬舎新書
375

家族という病／目次

序章　ほんとうはみな家族のことを知らない　9
家族とは何なのか　10
なぜ私は家族を避けてきたのか　12
第一章　家族は、むずかしい　19
家族を盲信する日本人　20
なぜ事件は家族の間で起きるのか　24
結婚出来ない男女が増えたワケ　26
子離れが出来ない親は見苦しい　28
仲の悪い家族の中でも子はまっとうに育つ　33
大人にとってのいい子はろくな人間にならない　35
家族の期待は最悪のプレッシャー　38
遺産を残してもいいことは一つもない　43
お金が絡むと家族関係はむき出しになる　45
夫婦でも理解し合えることはない　48

第二章　家族という病　57

家族のことしか話題がない人はつまらない　58
家族の話はしょせん自慢か愚痴　61
他人の家族との比較が諸悪の根源　65
夫のことを「主人」と呼ぶ、おかしな文化　68
「子供のために離婚しない」は正義か　72
「結婚ぐらいストレスになるものはないわ」　75
女は子供を産むべきか　78
子供が欲しくても出来ない女性に「子供を産め」は過酷　82
家族に捨てられて安寧を得ることもある　85
孤独死は不幸ではない　88
家族の墓に入らない人が増えている　92
結婚はしなくとも他人と暮らすことは大事　95
家族のアルバムが意味すること　98
家族ほどしんどいものはない　101

第三章　家族を知る　105

介護で親子は互いを理解する　106
親は要介護になってはじめて弱い姿をわが子に見せられる　110
家族はなぜ排他的になるのか　112
家族という名の暴力　117
家族に迷惑をかけられる喜びもある　119
知的な家族ほど消滅する　124
一番近くて遠い存在が家族　127
二人きりの家族　131
家族写真入りの年賀状は幸せの押し売り　138
家族に血のつながりは関係ない　140

第四章　旅立った家族に手紙を書くということ　147

家族を知ることは自分を知ること　148
父への手紙──冬の雷　150

父への手紙—公職追放 152
父への手紙—形見 154
父への手紙—男のけんか 156
父への手紙—落ちた偶像 158
父への手紙—家庭崩壊 160
父への手紙—主治医からの手紙 162
父への手紙—急変 164
母への手紙—文通 166
母への手紙—母性 168
母への手紙—反抗 170
兄への手紙—すい臓ガン 172
兄への手紙—絡んだ糸 174
私への手紙—最後は一人 176

序章　ほんとうはみな家族のことを知らない

家族とは何なのか

友人・知人に会うと、

「あなた、家族のこと知ってる？」

と聞く癖がついた。

「もちろん、よく知ってるに決まってるじゃない」

と怪訝《けげん》な顔で答えが返ってくる。

「ほんとに？」

重ねて聞くと、不思議そうに問い返される。

「どうしてそんなこと聞くの、あなたは知らないの？」

その通り、私は最近、自分の家族について何も知らなかったと愕然《がくぜん》としているのだ。

一人、二人と失っていくに従って、大切なことを聞いていなかったなと気づかされる。

父はほんとうは、何を拠《よ》り所《どころ》に生きていたのか。母はなぜ私に異常とも思える愛情を注いだのか。兄は妹である私にどんな感情を抱いていたのか。何一つ知らなかった……。

もっと早くに聞いておけばよかったと思うが、後の祭りである。彼等は話の出来ない世界に行ってしまっている。あれこれ想像をたくましくするだけである。

むしろ親しい友人・知人とは、わかり合おうと努力するせいか、よく話をし、お互いのことについても知っている場合が多い。情に溺《おぼ》れることなく理性で判断しようとするから、的確に把握することも出来る。

それに対して同じ家で長年一緒に暮らしたからといって、いったい家族の何がわかるのだろうか。日々の暮らしで精一杯であり、相手の心の中まで踏み込んでいなかった。いや踏み込んではいけないとどこかで思い、「ああか、こうか」と思いながら見守っていることが多いのだ。

いじめや家庭内暴力などが報道されると、もっと親子が日頃から話し合っていればとか、相談出来る雰囲気があればとかいうが、土台無理である。

子供は親に心の中を見られまいとするし、心配をかけたくないという思いがある。親は子供がどこか変だと気づいていても、問いただすことをはばかる。幼い頃は別として、小学校から中学校へと進み、体も心も大人になりつつある段階にあっては、子供は親に心の内を素直に見せなくなる。反抗期は親という身近な権威を乗り越えようとする時期だけに、自分の思いとは正反対のことすらしてみせる。

親から虐待を受けているのになぜ外部に助けを求めないのかと思うのだが、そんな子供はかえって、外に向けて親のことは一言も言わなかったり、自分が悪いのだと言ってみせたりする。けなげにも、外に向かって家族を守ってみせようとするのだ。

そんな過酷さを子供に強いる家族とは何なのか。

私は長い間、もっとも近い存在である家族とは、人間にとって、私にとって何なのかという疑問を持ち続けてきた。

正直に、私にとって家族とは何だったのかを告白することから始めよう。

「家族」と十把一絡《じっぱひとから》げにすると、私には答えることが出来ない。しかし、一人ひとり切り離して父・母・兄と個人として見ることで、彼らとの関連を語ることは出来る。

私は家族という単位が苦手なのだ。個としてとらえて考えを進めたい。

なぜ私は家族を避けてきたのか

父のことを考えようとすると胸の奥がちくりとする。私は父と極力目を合わさぬよう、近づかないようにして生きてきた。それはいつ頃からで、なぜだろうか。

幼い頃、父は一種の憧れだった。陸軍の将校だったせいで、毎朝馬が迎えに来た。父は軍服で長靴《ちょうか》をはき、ひらりとマントをひるがえして馬に乗って出かけていった。私は毎朝母に抱かれ、馬ににんじんをやりながら父を見送った。

敗戦になり、父は落ちた偶像となった。もともと画家志望だったのだが、軍人の家の長男で、陸軍幼年学校、陸軍士官学校とエリートコースを歩むことを強要される。何度もぬけ出しては、絵の学校に通い、そのたびに水を張った洗面器を持って廊下に立たされ、ついに諦める。なぜ諦めたのか。そんなに好きなら家出をしてでもその道を歩むべきなのに……。

自分の書斎をアトリエに、ひまさえあれば油絵を描き、中国の旅順《りょじゅん》やハルピンに赴任中は、風景のデッサンを送ってきた。敗戦後は二度と戦争や軍隊はごめんだと言いながら、その後日本が力をつけ、右傾化するにつれ、かつて教育された考え方に戻っていくことが、私には許せなかった。父と顔を合わせることを避け、不自由な足をひきずりなながら歩いてくる姿を見つけると、横道へ逸れた。食事も同じ時間を避けて話をしないようにした。

なぜ私は父と話をしなかったのか。感情の激しい人だけに、怒り出すのを見たくなかったからだと自分では思っていたが、父への反抗を心の支えにしていただけだったのではないか。

その時点で私は父を理解することを拒否したのだ。父と意思の疎通をはかろうとすることをやめ、以後老人性結核で亡くなるまで、仕事の忙しさを理由に入院している父の見舞いにも行かなかった。

亡くなってから結核病棟の枕元に私の新聞記事が貼ってあるのを見て、目をそむけたくなった。廊下に出ると、父の俳句が貼られていた。

春蘭の芽にひた祈る子の受験
紅絹《もみ》掛けし衣桁《いこう》の陰や嫁が君

芸術家肌で傷つきやすく優しい神経の持ち主だった。胸の奥が痛くなった。私は慌ててそこから目をそらした。

生前、私は父と話をせず、背を向け続けた。

主治医から「なぜ見舞いに来ないのか」と手紙が来た時も、「あなたに私と父の確執《かくしつ》がわかるか」と腹を立てた。父の本心がどこにあったのか聞こうともせず、わかり合えなかったことに今は内心忸怩《じくじ》たる思いがある。

一方で、安手のホームドラマのように、最後にわかり合えたような場面で終わらなかったことに多少の満足もある。父も私も突っ張っていた。それだけに情感の面ではよく似ていた。実は一番よくわかっていたのかもしれないと思う。


母が亡くなって二十年以上経った三年前、軽井沢の山荘で私が知らなかった母の一面を知ることになった。

母は私のためなら何でもした。娘のために生きているような人で、あらん限りの愛情を注いでくれることがうとましく、私はある時期から自分について母には語らなくなった。私の出ているテレビや活字についても知人から教えてもらうまで知らないことを彼女は悲しんでいた。もっと自分自身のために生きてくれたら、私はどんなに楽だったろう。

軽井沢の山荘で母の遺品を整理している時、父との結婚前、旅順にいた父との間でやり取りした百通近い手紙が見つかった。そこには私の知らぬ女としての母がいた。その手紙は上越という雪深い地に育ち、毎日限りなく降ってくる灰色の雪と戦い、忍耐し、そのために積もり積もった情熱を一気に噴出させようとする強い意志があふれていた。

二人共再婚だったが、父には三歳の男の子があり、母はその子供を理解するために自分の子（なぜか女の子）が欲しいと手紙の中でも訴えていた。私はその母の強い意志の下に生まれたのだ。

兄は、大学生になるまでその事実を知らずに育った。戦後父との折り合いが悪く、東京の祖父母の下で育ったので、私は正面から兄と話をした記憶がない。いずれと思っているうちに一年間の闘病後、ガンで亡くなった。

結局私は、父、母、兄の三人の家族と、わかり合う前に別れてしまった。私だけではない。

多くの人達が、家族を知らないうちに、両親やきょうだいが何を考え感じていたのか確かめぬうちに、別れてしまうのではないかという気がするのだ。

私達は家族を選んで生まれてくることは出来ない。産声をあげた時には、枠は決まっている。その枠の中で家族を演じてみせる。父・母・子供という役割を。家族団欒《だんらん》の名の下に、お互いが、よく知ったふりをし、愛し合っていると思い込む。何でも許せる美しい空間……。そこでは個は埋没し、家族という巨大な生き物と化す。

家族団欒という幻想ではなく、一人ひとりの個人をとり戻すことが、ほんとうの家族を知る近道ではないのか。

第一章

家族は、むずかしい

家族を盲信する日本人

この正月、息子が両親を殺すという事件があった。テレビは、大きな事件として報道していた。詳しいことはわからないが、両親と二人の息子という家族の中で、弟が両親を殺害したという事件だった。

この事件を聞いた近隣の人達の反応が面白い。

「そんな家族には見えませんでした」

「信じられませんね。お正月だというのに、こんなことが家族の間で起こるなんてなぜなんでしょう。不思議です」

お正月というおめでたい時に、こんな不幸な出来事が起こるはずがない、という思い込み、そしてそれが家族の中で起きるなんて……。よほど家族を信じ切っている人の発言なのだろうか。

その反応はごく自然で、人々は普通は家族の間で事件など起きようはずがないと思っている。事件が起きる環境は異常で、自分とは関係ない、そう思いたいのだ。だから、いざ事件が起きてみると、信じられない、不思議だという反応になる。

かつて民放テレビ局でキャスターをしていた時、事件を取材・リポートしていたことがある。取材先で聞く反応は同じだった。

自分の近くで、火事が起きる。強盗殺人が起きる。起きるはずのないことが起きたのだ。

「こんな近くで火事が起きるなんて」

「静かな住宅地でそんな事件が起きようとは今まで考えられませんでした」

自分のまわりはみな善人で事件など起こりようがない、そうした事故や事件は自分とは関係なく、テレビや新聞紙上で見るものと思っていたのである。

顕著な例が「振り込め詐欺」の電話である。子供や孫を装った人物から、のっぴきならぬことになったから、お金を工面して欲しいと親や祖父母に電話がかかってくる。

会社の大事な金を紛失した、盗難に遭った、すぐお金が必要だという用件なのだ。風邪をひいていると言ったり、何人かがグルになって警官を装うなど、演出は手が込んでいる。

どうして家族からの頼みだと、疑いもせず聞いてしまうのか？　家族を信頼していて、家族の危機は自分の危機と考えて、救わねばと思ってしまうからだろう。

いくら子や孫が可愛《かわい》かろうと、一本の電話だけで、なぜそうやすやすとだまされてしまうのだろう。確かめようとせずに、すぐその言葉に乗ってしまうのか。

欧米ではこうした犯罪は成立しにくいのではないか。日本人は、これだけ毎度話題になり警察から注意してと言われても、いざわが身に起こると、他人に知られる前に内々に処理しようとするから振り込め詐欺被害は一向に減らない。

銀行で、現場に遭遇したことがある。年輩の婦人が大金を振り込もうとするのに疑問を持った銀行の職員が話を聞くと、「早く振り込まねば、あの子が困るから」と押し問答である。子供の危機はわが身の危機、それが成人した子供であっても自分がなんとかしなければと考える。

うるわしい親子愛なのかもしれないが、理性も深い考えもなく慌てふためき、行動に走ってしまう。

欧米と決定的に違うのは、個人主義と家族主義の違いであり、どちらがいいとは単純にいえないが、家族という甘い意識の空間にはいくらでも犯罪が入り込んでくるのだ。

私の所にも電話がかかってきたことがある。私の名前も知っている。お宅の御主人が電車の中で痴漢をして、今、駅長室に止め置かれている。自分はそういう事態を解決する弁護士で、示談にするからお金が必要だ、ということだった。

その頃つれあいは、長時間電車に乗って大学に教えに行っていたから、詳しく聞いてみようとインタビューを試みた。

「その人の背はどのくらい？　やせ型？　太っている？」などなど。すると一方的に電話は切られた。

あやしいと思った通り、電話の主は答えることが出来なかった。いくらそれらしく装っても、こちらがちゃんと問い質せば、まずだまされることはない。

家族のこととなると平常心が保てない。腑《ふ》に落ちなくとも、内々に処理しなければと思ってしまうのだろう。そこが相手の狙いなのである。なぜ疑ったり確かめたりする冷静さを失ってしまうのだろうか。手口は日々工夫されるため、こうした詐欺がなくなることはないだろう。

なぜ事件は家族の間で起きるのか

信頼が厚ければ、よもやトラブルなど起こるまいと思うあまり、家族一人ひとりの考え方や自分との違いを認めようとしない。

私は事件や事故が起こるたび、いつも明日はわが身と思う。家族といえど違う個人なのだ。個と個の間に摩擦が生じれば、何が起きても不思議はない。

大事に至らずとも、親子間の確執やきょうだいげんかなど日常茶飯事である。誰かががまんをするか、ごまかすかしてその場は何事もなかったかのようにやり過ごしているが、積もり積もれば、大きなしこりになる。

私の家でも、親子の間の確執は大きかった。父は戦後公職追放になったイライラを抑え切れず、母に手を上げることもあった。

私は出来るだけ父と顔を合わせぬことで衝突を避けた。中学生だった兄は、反抗期も手伝って、ついに正面から衝突する破目になった。

ある日学校から帰宅すると、座敷から父と兄の怒号が聞こえ、母の哀願する声も混じっていた。そっと近寄ると、男二人がつかみ合い、母がそれを止めるため二人を分けようとしていた。

父と兄はお互い全く相手の言うことを受け入れず、あわやという場面もあり、もしあの時近くに凶器があったらどうなっていたか。事件が起きていても全く不思議はない状況だった。母の必死の執り成しで二人は離れたが、その時父の平手打ちで母の鼓膜は破れてしまった。正直いって恐かった。それを機に兄は、東京にいる祖父母のもとから学校に通うようになり、父と離れることになってことなきを得た。

あのまま同じ家にいたら、必ずや事件が起きただろう。

だから私は様々な事件を見聞きしても、不思議には思わない。

どんな家族の間にも同様の事件は起きる。近いだけに、いったん憎しみがわくと人一倍、憎悪は大きくなり、許すことが出来ずに、極端な形をとってしまう。

自分の家族にだけはそんなことは起こらないと信じることは大きな思い上がりであり、どの家にでも起こるという想像力を持つべきなのだ。

結婚出来ない男女が増えたワケ

初詣でに行くと気づくことがある。一年に一回、生活を、いや自分をリセットしたいという思いの人であふれている。手を合わせて、心の中で願っているのは何なのか。願いごとの中で圧倒的に多いのが、家内安全、家族の健康を祈るものではなかろうか。絵馬を見てもわかる。身近な受験などをひかえている場合は、そのことが書かれているが、一般的には、家族が円満に健康に暮らせるようにという希望が多い。護摩《ごま》を焚《た》いてもらう場合の願いごとも、同様だ。

先日、神楽坂に住む知人が、飯田橋を車で通りかかったところ、男女の列がぎっしりと並んで、道路の整理をするために警官が出ていたという。

飯田橋駅の近くに東京大神宮という東京のお伊勢さんといわれる神宮がある。そこが縁結びの神として話題になり、多くの若い男女に加えて、年をとっても良き伴侶を求める男女が大行列を作っているのだという。

人は、良き縁を求めて、いいかえれば、家族を求めて神頼みをする。

縁結びの神は大はやりで、年末に松江に講演に行き、その足で八重垣《やえがき》神社を訪れた時もその感を強くした。

人里離れた場所にある八重垣神社は、小さくてゆかしいたたずまいが好きだったが、今回は勝手が違った。以前なら人に会うこともなかったのが、平日だというのに、若い人々で大賑わい。特に女性が多く、池にお賽銭《さいせん》を入れて願いごとを書いた紙を浮かべる。かつては人に会わなかったことを考えれば、切実感が増しているのだろうか。

女達は、そうやって外へ外へと行動しているが、男の姿は少ない。男も同じように相手を求めているのだろうが、内へ内へとバーチャルな世界に走っている。〝おたく〟が増えているということになるのだろうか。

子供のいる友人・知人に聞くと、女性はある年齢になると家を離れ、一人住まいをし、自分で仕事を見つけ、恋人を見つける。駄目なのは男の方で、いくつになっても家を離れず、母親と一緒にいる。気楽で、家事もしてもらえるからなのだろう。

男と女の生き方が逆転したようで、男の方が自立したがらない。自信がないのか。自分だけの世界に引き籠《こ》もって安心するのか。「困ったもんだ」と母親は言いながら、まんざらでもなさそうだ。

結局、親子共に甘えて暮らしているとしかいいようがない。

人とうまくつき合えず、恋人もつくれない息子がいとおしいのか、親は放り出すことが出来ない。成人したらよほどの事情がなければ、独立するのが自然である。動物だって子供に餌を与えて大切に育て、外敵から保護するが、成長したら、ある日を境に、もう面倒を見なくなり、子供は自分で餌を求めて違う縄ばりで生きていかねばならない。

能「石橋《しやつきよう》」などにもあるように、獅子は成長した子を崖からつき落とすという。そうやって心を鬼にして親離れ、子離れしていくのに、人間はそれをしなくなった。

世の中が厳しいせいではない。お互いもたれ合い甘え合い、独り立ち出来ない親や子が増えているのだ。

子離れが出来ない親は見苦しい

家族は、時間を共有したあとは離別して、遠くから見つめる存在になる。

いつまでも一緒にいたらどうなるか。ニートと呼ばれる、働かず、独り立ちしない成人が増える。私の友人も典型的なそうした家族であった。夫と二人の子供。彼女はある大学の事務の仕事を長年続けて定年になった。それを機に思い切った行動に出た。以前から不仲だった夫と離婚し、一人暮らしを計画した。娘は成人してすでに結婚して一家をかまえている。問題は息子である。いつまでも家にいて、アルバイト的な仕事はするが、独立しようとはしない。

彼女の決意は固く、一見荒療治とも思える方法をとった。東京の家をたたんで、京都に住むことにしたのである。郊外に家を借り、息子は息子で生きるように促した。今までは可哀そうだの、自分が世話せねばどうなるかわからないだのと思っていたが、どうなってもかまわないと腹をくくったのである。

あとの人生、自分のために生きると決意した。それには息子と離れることが大事。一緒にいては同じことの繰り返しにならないとも限らない。

最初は自信なさそうに文句を言っていた息子は、アパートを借り、一人暮らしを始めた。そこから何か開けてくるかもしれない。

「遅すぎた決断です」

と言うが、彼女にとっても息子にとっても大切な決断だったと思う。

京都で長年の夢だった神社仏閣を見て回り、歌舞伎を楽しみ、片岡仁左衛門の追っかけをして生き生きと暮らしている。息子には自分からは連絡をとらない。

「彼は彼なりに生きていくでしょう」

と言い切った。

親といつまでも一緒にいる子は考えものである。親離れ、子離れが出来ない家族が多すぎる。原因は子供にあるのではなく、親にある場合が多い。

子は、親の姿を見て育つという。

親の本心を見抜き、そこに甘えていつまでも独り立ちできない。

親が子に甘えているから、安心してしまうのだ。どんなに心の奥で心配していても、表向きはさり気なく遠くから見守っていればいい。心を鬼にすることが必要なのだ。

幼い頃は、いくら愛情を注いでもいいが、ある年代になったら別人格を認める必要がある。かつて元服《げんぷく》という習慣があったのもうなずける。二十歳《はたち》が成人ではなく、数えの十五、六歳で元服したら、独立しなければならなかった。

責任感が人間を成長させる。その任に堪えられるか心配になっても、その場に置かれれば人は変わる。

若い人が社長になって心もとなく思っても、立場が人を変えていくことはいくらでもある。

「自分がいなければ、この子は生きていけない」

というのは思い上がりにすぎない。

「親はなくとも子は育つ」という。環境がいかに過酷であろうとも、子はそれを引き受けて生きていく。

親子は離れてみなければわからない。片方が年をとり、弱ってきた場合には、また考えればよい。

私の場合もそうだった。

両親が実家にそろっている間はよかった。父が亡くなり、母だけになって、私は真剣に考えた。実家には私達夫婦が暮らせるだけのスペースはある。普通なら同居を選ぶかもしれないが、私はあえてマンション暮らしをそのまま続けた。母が来たければいつでも来ればいいいし、泊まれる場所もある。

結婚してから、つれあいが外国に特派員として赴任する前の二年ほど、私達は母と一緒に住んでいた。その時の苦い経験があるのだ。

母は私しか目に入らないくらいに私に愛情を注ぎそれが信念になっていたから、負担に思うこともあった。

つれあいが出来て少しは変わるかと思ったが、いわゆる嫁姑のような関係が出現したのだ。一人娘の私への思いが強いあまり、取られたような気がするらしい。感情を抑えようと努力しているのはわかるけれど、端々ににじみ出てしまう。つれあいのことが気に入らないそぶりが見え、私に文句を言う。

テレビの報道の仕事で家にいることも少ないつれあいは、気がつかなかったかもしれないが、間に入っている私はうっとうしかった。

一人息子に起きるといわれることは、一人娘にも起きるのだ。私は母から愚痴を聞きたくはない。

そこで私は、仕事の便を考えた実家と三十分で行き来出来る都心のマンション住まいに踏み切った。父が亡くなったからといって母と一緒に住むことになれば、同じことの繰り返しである。母が十分に一人暮らしに耐えられ、馴れた家で近所の人とのつき合いもあるうちはと、私は心を鬼にして別居を選んだのである。

仲の悪い家族の中でも子はまっとうに育つ

「だんだんお母さんに似てきたわね」

と言われて、どう思うだろう。嬉しいと思うか、困った、と思うか。私は少なくとも後者である。親に似たくはないと思ってこの年までがんばってきた。

世の中の人は、「だんだんお母様に似ていらしたわね」とお世辞のつもりで言う。親子である以上どこか似てくるだろうが、母はすでに二十数年前に亡くなっている。母の亡くなった年に近づきつつあるが、私は母とは違う考えで生きてきたし、生活そのものも正反対といえるかもしれない。

女の生き方が大きく変わる過渡期に少女時代を過ごし、母がどうしても捨てられなかったかつての価値観をいともやすやすと打破して、何よりも自分の考えを中心に、したいように生きてきた。何を捨て何を選ぶかその基準は自分にあり、どんな時も自分で選ぶ。そのかわり責任は自分で持つ。自分で選んだからには愚痴や文句はなく、自分に戻ってくるだけにいっそ諦めもつく。

一度だけあまりに惚れ切っていたために、ある男の選択に従ったことがあったが、しっぺ返しは見事なもので、私は二度と同じあやまちはしない。

日本が戦争に負けたのは私が小学校三年の時、全ての価値が崩壊し、大人が信用出来なかった。両親も学校の先生もそれまでと言うことが百八十度違った。

敗戦は日本という国そのものが変わり、違う価値観の下にリセットされるべき大きな節目であった。戦時中への反省や間違いへの追及が厳しくされるべきだったのに、日本は基本的に変わらなかった。自衛隊と名を変えても、かつての陸海軍をもとにして、使われている曲まで昔のままのものがあった。

ドイツでは、徹底的に戦争責任は追及され、罪があばかれたが、日本では天皇制は維持され、かつての戦犯も国会議員として復活した。

一時変わったかに見えた父も時代と共に、元の価値観に戻っていき、二重の裏切りに思えた。

その夫と共に生活を続ける母への批判も高じ、「あなたの生き方は間違っている！」と何度母を糾弾したことだろう。

私は戦争に負けたあの日から、自分で生きていこうと考えていた。母とは違う道を歩んでいくことを選んだのだ。誰かに食べさせてもらうのではなく、自分で自分を養っていかねばならぬ、それだけは死ぬまで譲らないと考えて、なんとか先が見えるところまできた。

大人にとってのいい子はろくな人間にならない

つれあいと私の暮らしは独立採算制である。

病気の時は別として、寿命の尽きるまでこの調子でいければいいが……。

敗戦という機会を与えられて私は感謝している。それでなければ、どんないやな女になっただろう。世の中の価値観に従い、疑いも持たず、父や母への批判もしなかっただろう。

父や母を反面教師として私は自分自身をつくり上げてきた。

親の生き方と違った生き方をするか、それとも、親にとっていい子のまま仮面をつけ続けるか。

私は、子は親の価値観に反発することで成長すると信じている。

大人にとってのいい子など、ろくなものではないと思っている。最近、反抗期のない子が増えているというが、こんなに気持ち悪いことがあるだろうか。

親の権威や大人の価値観に支配されたまま、言いなりになっていることは、人としての成長のない証拠である。

仲の良い家庭よりも、仲の悪い家庭の方が偽りがない。正直に向き合えば、いやでも親子は対立せざるを得ない。

どちらを選ぶかと聞かれれば、私は見栄でつくろった家族よりも、バラバラで仲の悪い家族を選ぶだろう。

同じ家に暮らし、長年顔をつき合わせていれば、いやでもどこか似てくる。

友達や知人の家に電話をした時、母親を友達だと思ってそのまま喋り続けたことはないだろうか。同じ環境にいると、話し方から発声までそっくりになる。息子は父親に、娘は母親にそっくりである。

あとから生まれたものが、先に生まれたものの言葉をまねて憶えるのだから、子が親にそっくりになるのも不思議はない。

言葉だけではない。そばにいて、考え方や発想を見ているうちに影響を受けないわけはない。その意味で親は子に絶大な責任を負っている。

親父の背中という言葉があるが、おふくろの背中も同じ。親は自分の生き方を見られているのだ。

責任ある仕事を続けたために、育児の期間中、子供を保育所に預けて働いてきた知人が私には多い。母親に接する時間は少なくとも、子供達は母親の働く姿を知っている。そばにいてくれるより、カッコいいと受け取る子も増えてきた。

親の背中を見て学んでいるのだ。

多くの子供達は、小さい時から保育園、幼稚園、学校で他人と触れることで、いやなことも嬉しいことも学んできた。

いじめなど問題もなくはないが、子供は同じ年頃の子供と触れ合うことによって、コミュニケーションの手段を憶えていく。違う価値観ともまれることによって育っていくものがあるはずだ。

学校へ行かないという選択をする家庭もある。名だたる教育者の家に生まれて家庭内で教育を受けたり、自由を重んじるため家庭教師だけで育てられたり。私の知人にもそういう家庭で育った人がいる。

超エリートと呼んでいい家族は、学校教育を批判し、子供を自分達の考え方で育てようとする。その結果、個性的な子が出来るかというと、そうとは限らない。他の子供や先生との間で悩んだり、けんかしたりする部分がないせいか、変に大人びた常識人に育ってしまう例も多い。教育とは親が与えるものではなく、子供が自分の世界で切磋琢磨してつかみとっていくものではないか。

家族の期待は最悪のプレッシャー

高校時代の友達が、忙しくてなかなか会う時間がとれないという。せっかくニューヨークから帰国中の友達も交えて会おうと思ったのに。

なぜなのか聞いてみると、孫がお受験だという。子供の受験ならともかく、なぜ孫がお受験で、祖母である友達が忙しいのかわからない。

毎日のようにあちこちの神社でお祈りをし、絵馬に願いごとを書き、ある神社がご利益があると聞けば、日本国中飛んでゆく。

孫が気を散らさないように、家では、自分の部屋で息を潜めている。

両親のみならず、一家そろって願いを込めることが大事で、お受験が終わるまでは会えないというので、あきれてしまった。

そうしたケースは決して珍しいことではないという。

その一家の多くはK大学出なので、娘婿もK大出でなければならず、従って孫も慶應幼稚舎に何が何でも入れなければならないという。

両親は面接などもあるから、それなりの緊張感もあろうが、なぜ関係のない祖母が……と言ったのがいけなかった。

「どうして関係がないのよ。大切な家族の中で一番可愛がっている孫のお受験なのよ！」

と逆に私が叱られてしまった。それでも日本はまだましで、韓国などは異常である。試験時間に遅れそうになるとパトカーが受験先に送る。合格すると家族、近隣、同級生で胴上げのさわぎだ。

これでプレッシャーを受けない子がいるだろうか。まわりの期待を一身に担ってといえば聞こえはいいが、心の平安のもとになるはずの家族が一番熱心なのだ。進学でエリートコースに乗るより、一度二度失敗した方が大人になって、他人への思いやりのある打たれ強い人間になるはずなのに。

失敗や挫折こそが人を強くする。人はそこで悩んだり考えたりと、自分で出口を模索するからだ。

順風満帆で来た人ほど、社会に出た後、組織の中でうまくいかないと自殺をはかる。ウツになる。結果、不幸な人生を送った例をいくつも見ている。

両親がエリートの場合は始末が悪い。自分達と同じように成績がいいのが当たり前で、小さい時から塾だ、家庭教師だと遊ぶひまもない。ゆとりのないこましゃくれた小さな大人が増えている。テレビのインタビューでの受け答えを見ていると、ぞっとすることがある。

両親や先生に気に入られるミニ大人が増え、思考はその範囲にとどまって、羽ばたくことを知らない。

親や家族の期待は子供をスポイルしている。

過度な期待などしてはいけない。血がつながっているとはいえ、違った一個の人格なのだ。個性を伸ばすためには、期待で、がんじがらめにしてはいけない。

夫や子供に期待することも相手をしばることに他ならない。

期待通りにならないと、落胆が激しく、愚痴や不満だらけになる。

自分以外の個に期待してはならない。他の個への期待は落胆や愚痴と裏腹なのだ。

期待は自分にこそすべきものなのだ。自分にならいくら期待してもかまわない。うまくいかなくとも、自分のせいであり、自分に戻ってくる。だから次は別の方法で挑む。挫折も落胆も次へのエネルギーになる。テニスの錦織圭《にしこりけい》選手やフィギュアスケートの羽生結弦《はにゅうゆづる》選手も失敗した時のくやしさは自分へ向けられている。自分への期待をふくらませ実現し、次へと向かっていく。

くやしさこそ明日へのエネルギーだ。失敗は大きな肥やしになる。

私達夫婦は、相手への期待を持たない。そのかわり自分への期待は大きく持っていこうと、口には出さないが心に決めている。

夫や妻への不満は、あれをして欲しいこれをして欲しい、それなのに何もしてくれないといったことが原因だ。

かつては、夫と妻の分業があったが、今では男も女も外と内で入りまじって、自分の期待を満たすことが出来る。相手に期待する前に自分でやればいいではないか。

結婚記念日を憶えていない、誕生日なのに贈り物をしてくれない、世間の風潮で考えるから不満を抱く。

私など、いつ結婚したのかも正確には憶えていないし、結婚して何年経ったかなど数えたこともない。誕生日だって、自分でも忘れる。何かしてくれるのではと期待するから、裏切られたと余分なストレスを抱え込む。期待していないのに、贈り物などもらうと思いの外に嬉しい。

期待していてそれに応えてくれないことほど、腹立たしいものはない。

「期待しないで、待っていて下さい」などというセリフは失礼もはなはだしい。待つという行為は期待の表現だから、期待しないでと言うなら待つ必要もないわけだ。

遺産を残してもいいことは一つもない

家族の一人が何か犯罪に巻き込まれたとしよう。加害者であった場合は、本人だけでなく、家族も世間からお仕置きを受ける。

日本人は一度いいとなったら一斉にほめたたえ、悪いとなったら家族全体をおとしめる。ネット社会ではあっという間に広がるから、誹謗中傷《ひぼうちゅうしょう》の渦に巻き込まれる。

何の罪もない家族までが、生きていくことさえ大変になる。

「世間に顔向けが出来ない」

と言って子の罪をかぶって自殺する親もいる。一生かかって、子は罪をなぜ犯したのかを問い続けることが家族なのではないか。

日本では、今でも何か事があると、家族が顔を出す。

「親の躾《しつけ》はどうなっているのか！」

「いったいどんな家族なのか」

家族に責任を求めようとするから、罪を犯した本人が自覚しない。

親が子に期待するから、子もまた親に期待する。一番顕著なのが、親の遺産相続だ。どこかで期待している。親が亡くなったら、残った家と土地、貯金などは誰のところへゆくのか。

親の財産は親一代で使い切るのが一番いい。子に余分な期待を持たせてはいけない。子供が何人かいる場合には、遺産をめぐる醜い争いが繰り広げられないためにも。せっかく仲の良かったきょうだいが、そのために憎み合う間柄になるという例は枚挙にいとまがない。

それは突然降ってわいた災難となってのしかかってくる。

かつては、年をとった親を子供が見るという扶養の義務があった。その見返りとして親は遺産を残した。

現代社会で大きくのしかかってくるのが、介護の問題である。私のまわりには、そのために仕事が出来ない人も多い。親の介護がある場合は、やりたいこともやれず、諦めざるを得ない。

組織の中でも今では当たり前のこととして産休や育児休暇がとれる。法律上は男もとることが出来る。ずい分改善されてきたが、一番手足をしばっているものは、親の介護である。

介護休暇があるところも少ないし、公的な介護機関も人手不足で行き詰まっている。団塊の世代が年をとり、高齢者がいっそう増えようとしている現在、再び介護の問題は家族に託されようとしている。

お金が絡むと家族関係はむき出しになる

ふだんはさりげなく流れていく日々、きょうだいの争いは表立って姿をあらわさないが、いざ親が亡くなったとなると、相続争いが始まる。そうなると近い間ほど醜い。

親の生前は、仲の良いきょうだいと思われていても、欲の絡んだ争いが、相続人のみならず、つれあいやら子供まで巻き込んで、延々と続く。

誰もが自分のところでは起きないだろうと思っているが、思いもかけず目の前に繰り広げられることになる。

私の家では、父母がきちんと生前に公正証書を作っておいてくれたので事なきを得た。父母が亡くなったからといって、どこからか知らない相続人が名乗りをあげることもなかった。

一人っ子だった友人の場合、父親がなくなったら、兄と名乗る人物が出てきたという。

「ぼくに兄がいたんだよ」

青天の霹靂《へきれき》だったという。相続はどうなったのかは聞かなかったが、さぞ驚いたことだろう。

遺言がない場合には、よくもめ事が起きる。

友人の家では父親が亡くなって母親と子供で相続する際に、子供達から文句が出た。

「きょうだい仲よく」が父親のいつも言っていたことだが、その争いは裁判にまでもつれ込んだ。結局民法の定める通りになったが、きょうだいの間にしこりが残り、母親が亡くなってからは、きょうだいのつき合いすらなくなった。こんな例は枚挙にいとまがない。お金が絡むと醜い家族関係がむき出しになる。

離婚もまた年々増えることはあっても、減ることはない。若者達は実にあっけらかんとしている。一緒になったと思ったら、あっという間に離婚する。

結婚する前は、婚活をして家族を持ちたいとあんなに願っていたのに。

家族への幻想と期待がありすぎて、もろくも崩れてしまったのだろう。やはり家族に期待してはいけないのだ。

「お互いに理解し合って離婚に到達した」などというセリフを聞くが、やはり修羅場はあったろう。

離婚した若い友人の場合は、妻の不倫が原因だった。彼は仕事で忙しすぎたのかもしれないが、不倫は妻の側が起こしたことだ。

それなのに離婚ということになると、少しでも有利に事を運ぶためなのか、代理人を立て、調停ということになったようだ。第三者が入ってくれた方がうまくいく場合が多いのだろうが、心の隅にはいやな思いが残る。家族は一つこじれると、思い通りにはいかない厄介なものなのだ。

いざそうなると人間は誰もが自分の非を認めようとしない。相手の悪いところをあげつらって少しでも有利に事を運ぼうとする。子供がいる場合は養育費をめぐる争いも起きるが、せっかく希望に満ちて家族を持った喜びに浸った日を忘れたのだろうか。期待が大きければ失望も大きい。

私とつれあいは期待のない夫婦で正解だったようである。

夫婦でも理解し合えることはない

死別した人のことは、なかなか忘れることは出来ないが、生き別れで離婚した人のことはすぐに忘れるという。

死んだ人の場合は、面影が、その時点のままで灼きついてしまっている。言動についても記憶の中のものが変化することはほとんどない。

再び会うことが出来ないという思いが、懐かしさを呼び、悪いイメージを呼び起こすことがない。どんなに迷惑をかけられようと、顔も見たくないと思おうと、会う機会を失ったら、思いは変化するものなのかもしれない。

父や母、きょうだいでもそうなのだから、血のつながらない夫や妻の場合は、愛憎こもごもに入り乱れて、複雑なものがある。

最近、佐藤愛子さんが書かれた小説『晩鐘《ばんしょう》』が送られてきた。九十歳を超えられたはずだが、今までに書かれたどの作品にも増して面白く読んだ。お目にかかると華のような笑顔が広がる。あの鮮やかな笑顔に魅せられている。

『晩鐘』の帯には〈私の夫であったあなたは、いったい何者だったのですか?〉とある。直木賞受賞作となった『戦いすんで日が暮れて』から四十五年、かつての夫であった人が、作品の中に何度も登場し、そのたびに違う描き方がされていた。

佐藤さん自身、あとがきの中でこう書いている。

〈……私の中にはその都度、違う根っ子がありました。ある時は容認(愛)であり欺きであり、ある時は愚痴、ある時は憤怒、そしてある時は面白がるという、変化がありました。それは私にしかわからない推移です〉

これだけ同じ人物について描き続けてきても、佐藤さんは夫であった人のことがわからないという。

〈……この非現実的な不可解な男は、書いても書いても、いや、書けば書くほどわからない男なのでした。刀折れ矢尽きた思いの中で、漸く「わからなくてもいい」「不可能だ」という想いに到達しました。私たちは平素、いとも簡単に「理解」を口にします。しかし本当は、真実の理解なんてあり得ない。不可能なのではないか、結局は「黙って受け容れる」ことしかないのでは？　と思うようになりました。彼が生きている間にそのことに気がつくべきでした。……〉

わかったように思っても、それはその人物そのものをわかったわけではなくて、自分自身に投影させて、都合よく解釈しているにすぎないのだ。

佐藤さんの小説もその時々の自分に投影された夫を描いているのだが、今度の『晩鐘』は違っていた。なぜなら、夫はそれまでは暮らしを別にしながらも時々ふらっとあらわれたからだ。

時に金の無心であったり、頼みごとであったりするが、そのたびにごく自然に以前と同じようにこたつに入り、庭の梅の木を見上げ、母子と会話して去っていく。

ある日、その夫だった人の訃報が届く。

その時になって佐藤さんは思う。

夫だった人はどういう人間だったのか。夫婦になって十五年、それ以前の文学仲間だった時が六年、夫婦でなくなってからも好むと好まざるとにかかわらずつき合わざるを得なかった間が何年かあり、知り合ってかれこれ三十年になるが、〈彼という人間はわからぬまま。それどころかますますわからない人になって死にました〉。

生前は、その都度違う姿を面白がっていればよかったが、実際にこの世の中からいなくなったという現実が、佐藤さんをして、もう一度この不可解な人物を描くことによって、彼への理解を深めたいという気持ちにさせたという。

文学仲間であり、心の底まで吐露し、さらに現実の生活まで一緒にして子供が出来、やがてさんざんな苦労を背負わされても切れ切れに続いた二人の間、もう何の関係もない、とっくに違う世界に住みながら、その死によって再びぐっと近づく。そして思う。私はあの人のことをわかっていただろうか、と。

たとえ家族だったことがあるにしても、人はつれ合った配偶者のことをほんとうに理解することはない。死という形で終止符が打たれてはじめてそのことに気がつき、もっと話をすればよかったとか、聞いておけばよかったと後悔する。

もし生前にそれを実行していたとして、どれほど理解が深まるだろうか。

自分のことですら正確に把握することも出来ないでいるのに、他人のことが理解出来るか。配偶者は他人なのだ。一番近い家族ではあるが他人である。

家族は暮らしを共にする他人と考えた方が気が楽である。


私とつれあいとは、共に暮らし始める時、出来るだけ他人のままでいたいと思った。しょせん他人なのだから、相手の中に入り込まないでいようと思った。

私にも入り込まれては困る部分がある。つれあいも同じだろう。「夫婦は一体なり」ということが私にはわからない。暮らしを共にすることがあっても、心の中にまでは踏み込まない。

相手の気持ちは想像するが、確かめようとは思わない。佐藤愛子さんは容認という言葉を使っている。

私の場合、かつてはお互いにすれ違い夫婦であって、話をする時間が物理的になかった。

それに比べれば今は一緒にいる時間が増えた。だからといって会話が増えるわけではない。どうでもいいバカバカしい話はするが。

一組の男女がいて夫婦か恋人かを見分けるコツは、会話のあるなしだという。会話をしないではいられないのが恋人。お互い何も言わないのが夫婦だという。恋人の間は、少しでも相手のことを知りたいと思うから、話がはずむ。

夫婦になると、わかったつもりで、話題がなくなる。

そして片方がいなくなってはじめて何も知ろうとはしなかった、もっとわかっておくべきだったと慌てふためく。

その時は後の祭りで、相手はいない。最後まですれ違いで、お互いに理解などしていない。

ぬるま湯のような存在である家族は、ぬるま湯である限り、一般的に幸せということになろうか。

なまじお互いのことをもっと知りたいだの理解したいだのと思えば知らなくてもいいことを知り、きずあとを暴いて不幸になる。その意味で家族は理解などしないのが幸せなのだろうか。

放送局に勤めていた頃、仲良くしていた男友達がいた。私の言うことは何でも聞いてくれ、一生懸命に尽くしてくれた。私にとってはありがたい存在ではあったが、心かき乱される相手ではなかった。

ところが、十年ほどの間があって彼が死んだと聞いた時、突然、その人の気持ちを理解していなかったことに気がついた。亡くなる一年前どうしても会いたいと言われたのに、忙しさにかまけて一日延ばしにしているうちに、亡くなってしまった。

彼には言っておきたいことがあったのだろう。亡くなられてみると、そのことが心から離れない。

逆にある女優さんから聞いた話だが、知人のパーティで、男性から声をかけられた。

「やあ、元気ですか」

どうしても思い出せなかったという。よく知っている人のはずだが、いったい誰だったのか。

家に帰りついてから突然思い出した。かつて数年間結婚していた相手だったのだ。

「やあ！」なんて馴れ馴れしく言って欲しくはない。心の片隅にも彼のことなど残ってはいないのに。

わかる気がする。一緒に暮らしたからといってそれでどうということはない。心は少しも動いていなかったのだ。

もしもパーティで生きている本人に会うのでなく、彼の訃報でも聞いたら、すぐに思い出せたかもしれないが。

第二章　家族という病

家族のことしか話題がない人はつまらない

面白くないのは、家族のことしか話さない人。話題はそこから外へ行かない。ちょっとそれたかと思うと堂々巡りで、結局は家族に戻っていく。

話題はある時期は夫のことが多いが、それをすぎると子供になる。進学校に入ると、親は鼻高々だ。聞かれもしないのに、どこそこの中学に入っただの、有名大学の附属高校に入れただの。聞いていていやになる。入学に失敗している人にとっては嫌みとしかとれない。

家族のことは自分から話さないに限る。聞かれれば必要最小限に答えはするが、それ以上の情報は提供しない。そうでないと、どこまでも追及されて、噂話の種にされかねない。さらりとかわすなりして他の話題に切り替えたい。

お互いのプライバシーを明かすことが仲の良い証拠のように思われているが、そんなことでつながる必要はない。

大学時代の友人、七十五歳で芥川賞作家となった黒田夏子さんと私は出会った時から同じ匂いをお互いに嗅ぎとっていたが、家族やプライベートな話など知りたいとも思わなかった。

海竜社から二人の対話集『群れない　媚びない　こうやって生きてきた』が出るにあたってじっくり話をしたが、はじめて知ったことが多かった。

会話は、本の話や自分が今考えていることなどに限られていた。

大学時代は反発し合いながらもずっと交流が続いてきたHさんも、頼りになる人だ。困難にぶつかったら、まっ先に話をしたのが彼女だった。学生運動をやっていた彼女から、ノンポリだった私はおおいに影響を受け、政治や社会、今も原発事故や集団的自衛権など、忌憚《きたん》のない意見を交わしている。

しょっちゅう会っているわけでもなく、思い出したように電話で話したり会ってみたりという仲だが、それで十分だ。心の中にはいつもその人がいる。

家族のことしか話せない人は、他に興味がない人。社会や環境に目を向ければ、自然と話題は出てくる。テレビから情報を得るのもいいが、私は新聞を丁寧に読む。テレビと新聞はどこが違うかというと、テレビは物事の羅列で終わってしまうことが多いが、新聞は読むという作業で、頭が刺激されて、物を考える作用を引き起こす。私は新聞のない日は気が抜けたようになる。

自分の生まれ育った家についてもやたらに話したがる人がいる。

私がまだ放送の仕事をしていた頃、何かというと自分の育った家のことを言いたがる女性がいた。

「これはね、私のおばあさまの代からうちに伝わっているものなのよ」

ダイヤで縁どりされた宝石だったと思うが、私はそういうものに興味がないので、「あ、そう」としか言わなかった。

反応や興味を少しでも示すと、一緒にお昼を食べにゆく破目になる。すると、こと細かにその宝石の来歴やら彼女の家のことを聞かされるのだそうな。

彼女が寄ってくると、みな用をつくって逃げるようになってしまった。

肝心の彼女はそのことを少しも感じずにあいかわらずお昼になると、

「おねえさま、お食事に行きませんこと？」

苦手な女性であった。

家族の話はしょせん自慢か愚痴

この傾向は女ばかりかというと、そうでもない。男の中にも、自分の家族や家柄しか話題にしない鼻持ちならない奴がいる。

だいたいエリートといわれる家柄出身者に多いが、外の世界を知らない学者一族などにその例を見る。

放送局に勤めていた頃、様々な番組でインタビュアーをつとめることが多かった。番組収録後、食事に誘われることがある。めんどうだナと思っても、出演者でもあるし、フィックスされた番組でコンビを組んでいる場合など、むげに断るわけにもいかない。

いやいやながら食事をすると、外国に出かけたからとお土産をもらう破目になる。角が立つので高価なものでなければ受けとる。

その番組が終わろうという日、食事に誘われた。「これで終わった」とほっとしていたら、その席上で私の家のことを色々と聞かれた。

その人の父も祖父も有名な学者である。それくらいは知っているのに詳しく説明された。私は仕事だから会っているのであって、個人的な興味もなく、むしろ嫌いな類の人種である。名誉欲や権力志向が強い人間、私はそれが一番苦手である。

父方のことは知っているらしく、母方について聞かれた。上越の雪深い里の古い家だとだけ答えた。

すると彼はこう言ったのだ。

「ああ、あのあたりなら、たかだか地主ですネ」

何という無神経な言葉だろう。「たかだか」という言葉に、いかに他人をバカにしているか、自分の家柄を誇示したいのかが見て取れる。

思わず、その人の顔を見た。何の表情も浮かべず、いつものようにのっぺりとした声で……。その場にいるだけで不愉快だった。

母の故郷の家は上越の山場の中ぐらいの地主だった。彼の言うたかだか地主でなければ、彼は何と言っただろう。家柄や家族を誇りにし、それが価値だと信じている男など最低である。

帰り際にこう言った。

「今度会う時までに、指のサイズを測ってきて下さい」

いったい何様のつもりだろうか。私がどう思っているかなど、他人の気持ちにおかまいなしの無神経さにあきれかえった。

何度か電話が来たが、私は二度と会わなかった。思い出すだけで腹立たしく、それきりになった。

彼は東大出の少壮学者だったが、その後も仕事で一緒になる、東大出のエリート先生にはこのタイプが少なくはない。

親はどういうふうに教育をしていたのであろうか。家柄や家族のことを何度も話し、子供は疑いを持つこともなく家族自慢に走ることになったのかもしれない。

私達は一生に様々なことを話題にしているが、三分の一は人の噂話。三分の一は男と女に関する話、残りの三分の一だけが必要な話だという。つまり三分の二はどうでもいい話をしているのである。

家族の話がどこに入るかといえば、人の噂話だろう。三分の一もその話題にとらわれているとは……。

家族の話のどこがつまらないかというと、自慢話か愚痴か不満であり、発展性がない。堂々巡りをして傷のなめ合いが始まるか、一方的に聞かされるか。いずれにしても、あまり愉快なものではない。

この病、どこが困るかといえば、一度かかるとだんだんエスカレートしていく点だ。どうしたものか。家族のことなど話題にしないに限る。家族には興味を持ちがちだが、他人に話をすることはやめたい。したくなったら、ぐっとがまんをして言葉をのみ込む。相手のペースにのせられないように、ちょっと話題を変えてみよう。私は自分から家族について言わないようにしている。

年をとると、話題が限られてゆく。興味の範囲がせばまっていくからだろう。病気や健康についての話、次が家族の話と相場が決まっている。

家族を話題にする病が重くならないうちに、他の話題に切り替えよう。といっても病気の話ばかりでは気が滅入るが……。

他人の家族との比較が諸悪の根源

家族の話のどこが問題かといえば、自分の家族にしか目が向かないことである。それ以外のことに興味がない、家族エゴ、自分達さえよければいい。

事件が起きるとまっ先に、自分と関係があるかどうかを気にかける。どんな事故でもまず、自分の家族にふりかかってこなければ安心だ。それ以外はよそごとなのだ。

日本という国にもみてとれる。

飛行機事故が起きる。船の事故が起きる。

「犠牲者に日本人は含まれていません」

日本人がいた場合には、ニュースの扱いが大きくなる。テレビでも新聞でも。日本人がいなかった場合には、日が経つにつれて徐々に扱いが小さくなる。最後には、あの事故はどうなったのというくらい、見当たらなくなる。

日本人や知っている人が犠牲者に含まれない場合は、マスコミのみならず、みなどこかでほっとする。「あっしには関わりのねえことで……」と木枯し紋次郎張りのセリフで忘れてしまう。

日本人エゴに陥って、他の国のことに我関せずという島国根性が顔を出す。欧米の場合は陸続きで、他人事《ひとごと》とは思えないから、常に目くばりをして、もし自分の身に起きたらと想像をたくましくする。そのあたりが、日本人は鈍感だ。自国と同様に、他国のことも考えなければ、今のような国際的に開かれた時代にはうまくいかない。

自国民が含まれるかどうかをまっ先に伝えるのと同様に、気になるのは、犠牲者の数が少なければ扱いは小さく、犠牲者の数が多ければ、大きな扱いになる点である。

数が少なかろうと多かろうと人の命の重さに変わりはないはずだが……。

日本人かどうかにこだわり、同じ故郷の人かどうかで関心の持ち方が違う。自分の家族であるかどうかで悲しみや衝撃は大きく違ってくる。宗教にあまり重きを置かない人の多い日本人の場合、他人を自分の家族と同じように愛するといっても、なかなかそうはいかない。

それぞれが家族という殻の中に閉じ籠もって、小さな幸せを守ろうとする病にかかっているようだ。

「他人の不幸は蜜の味」というけれど、他人の家族と自分の家族を比べて幸福度を測る。他人との比較は、諸悪の根源なのだ。

自分なりの価値基準がないから、キョロキョロあたりを見まわし、友人・知人と比較する。

かつて三種の神器といわれたものが各家庭にあった。一つ目が子供が小さい頃に買って今や誰も使っていないピアノ。調律などされていないから音が狂っている。二つ目が全巻そろった百科事典。新しいまま一度もあけたことがない。家具ではないのだから使わないなら邪魔だ。三つ目が家族の誰かが取ってきたゴルフのカップ。

この三つはどれも場所をとる。使わないならとっぱらったらいいのに置いてある。よその家も置いてあるからというのが理由だった。最近は少し変わってきたが、雑誌などでインテリアが紹介されて評判になると、同じものが売れるという。

自分の家の独自性を考える前に、他人の家をまねすることから始まる。

家族エゴで固まっているのに、暮らしに自信が持てない。他人の家族を気にしながら、自分の家が上だと思えると誇りにし、他人の家がいいと、不平やら不満やらが噴出する。

一つひとつの家族は違うからこそ面白い。お互いに違いを認めることから、相手の家族を尊重する気持ちも出てくる。

自分達だけよければ他人はどうでもいいという家族エゴ、自分の住んでいる所さえよければという地域エゴ、自分の国さえよければという国家のエゴ、全て争いのもとになる。

家族エゴはどうして起きるのか、家族が個人である前に役割を演じているからではなかろうか。

夫のことを「主人」と呼ぶ、おかしな文化

父、母、子供、それぞれが親としての役割、子としての役割で、家族が守られている。役割を守っている限り、安泰なのだ。

かつてはとと座、かか座などといって、いろりのまわりの座る場所も決まっていた。食卓でも父、母、子供の座る場所は決められていた。役割が固定化して家族の概念は出来上がり、そこから外れることは健全な家族と思われない。戦後は日本でも家より、個

が優先するようになり、家族間の関係は少しずつ変わってきた。

夫婦と子供という形でなくとも、夫婦だけ、父と子、母と子というふうな家庭が増えてきた。父、母、子供がそろっていることが家族の理想型ではない。どんな組み換えも可能である。人間性を大事にして役割や型に自分をはめようとせず、自由な家族構成が大事だ。

私の今の家族は一人だけだが、私は外に向かって必ずつれあいという言葉を使う。つれあいとはなかなかいい日本語でどちらが主でも従でもない。つれ合って暮らしているという実態をよくあらわしていて、気に入っている。

俳句の友達に中山千夏さんがいるが、彼女は結婚していた頃、相手のことをつれあいと呼んでいた。

それを聞いて、ふさわしい言葉だと気づいた。以来、文字にするにも話をするにも、必ずつれあいと言っている。

時々直されることがある。ある女性雑誌でインタビューされた。

私はつれあいと言っているのに、主人という言葉に変えられていたのだ。私は意識してつれあいと言っている。生き方、暮らし方の実態に一番ふさわしいのがつれあいという言葉だからだ。わざわざそれを「主人」と変えた編集者は、私が間違ったと思ったのだろうか。

彼女の中では「主人」が正しいのだ。ということは、字のごとく家族の中の主たる人ということになる。そういう価値観の人もいるし、一般的にはまかり通っている。けれど家族の数だけ、呼び方も考え方も違う。自分の価値観を押しつけてはならない。私はゲラの段階で「主人」を「つれあい」と直したが、その編集者は腑に落ちぬ表情だった。

パートナーという呼び方も多くなってきた。パートナー、日本語に訳せば、つれあいである。

パートナーは結婚した相手でなくともいい。暮らしを共にしている人、特別の間柄の人、異性とは限らない。同性同士でもいい。お互い一番信頼出来る人ならばいい。すでに同性婚が認められている国もあるし、ごく最近、東京の渋谷区では同性のパートナーを認める方向にある。

籍などという枠にとらわれず、「パートナー」という言い方は自由でいい。

私はもともと籍など入れるつもりはなかった。だが実際暮らしていく上で、日本では様々な制約がある。夫婦別姓は当然だと思えるのに、その都度使い分けなければならぬ不便さ。ようやく最高裁判所で憲法判断が下されようとしている。

パートナーでいられれば十分だ。欧米では当たり前のことになっていて、戸籍上の妻の他にパートナーがいる例がいくらでもある。私が声楽を習っていたオペラ歌手の日本人女性は、六十歳になってドイツ人の七十歳になるパートナーを見つけた。彼は学者として世界的に有名な人でパーティや学会に出る時はパートナー同伴である。彼女は戸籍上の妻ではない。

フランス歴代の大統領、ミッテランも先代のサルコジも今のオランドも、みなパートナーがいる。公の場でも堂々としていて気持ちがいい。

家族という閉ざされた関係ではなく、外に向かって開かれた家族でありたい。

「子供のために離婚しない」は正義か

谷崎潤一郎と松子夫人との未公開の手紙が見つかった。『細雪《ささめゆき》』執筆前後のものだという。『細雪』は発表された時代が戦時中であったから、関西の裕福な家の四人姉妹の話は華美にすぎるというので発禁になり、公にすることが出来なかった。

私家版で書き続ける谷崎をはげましたのが、結婚間もない松子夫人である。『細雪』は松子夫人の実家の四人姉妹がモデルであった。谷崎はこの松子夫人に関西に講演に行った時に出会い、一目惚れだったという。谷崎の気持ちがあらわれた手紙が多数残されている。

谷崎には妻がいた。松子夫人も関西の豪商の妻であり、二人が結婚に辿りつくまでは、どのくらい苦労があったことか。後に谷崎の妻は、佐藤春夫の妻となり、大スキャンダルとして世間をさわがせたのである。

松子夫人も離婚に至るまでの道のりは遠かった。

二人は文通しながらお互いの気持ちを深めていったのであろう。結婚後、松子夫人は谷崎の片腕となって二人で作品を生んでいく。

二人の結婚について、世間はさぞ厳しい目を向けたであろう。戦時中の家族が一致して戦に立ち向かっていた時代である。

既婚者の交際など、大谷崎であるとはいえ、なかなか認められはしなかっただろう。厳しい時代にあって自分達の愛をつらぬき通した意志とエネルギーに感服する。

多少のことには目をつぶって家族を守ることが美徳とされていた時代である。忍耐やがまんがまかり通っていた。家族のために犠牲になることは、奨励されることはあっても非難の対象にはならない。

家族のために犠牲になることは、美しいことと受け取られ、今でも「えらいわネ」「とてもまねが出来ないわ」などと称賛の的になる。

敢然と愛をつらぬくためには、二人の情熱がなければ出来ない。強さが必要である。自分の家庭だけでなく、親きょうだいにも迷惑がかかる。諦めてしまうケースも少なくはなかった。女性の側はもっとダメージが大きかったろう。

そんなことでへこたれるのではなく、自分の意志をつらぬく女性がこの時代にはいた。柳原白蓮《やなぎはらびやくれん》は、九州の炭鉱王だった夫の許から年若い学生との恋愛にかけて家を出た。

白蓮の行動に私も大拍手だし、その強さに頭が下がった。目覚めた女達が青鞜社《せいとうしゃ》をはじめ、様々な分野で声をあげ始めていた。

時代の後押しもあったとは思うが、今よりも愛にかける勇気、生き方をかけた結びつきが強かったのはなぜだろう。

タブーがあればあるだけ、愛は燃え上がる。タブーでがんじがらめにされたカゴの鳥は、自由に羽ばたくことを夢みる。

姦通罪《かんつうざい》があったからこそ、駆け落ちだの心中だのが横行したことは想像に難くない。

それを考えると、現代人は勇気がない。人目を気にして仲の良い夫婦を演じ、心の通い合わない生活をそのまま続けている。

がまんして自分に酔っている人もいる。

子供が大きくなるまで、学校を卒業するまでは、離婚したくてもしない。そんな夫婦を子供達はどんな目で見ているだろう。

無理をしているのは決して子供のためにはならない。もっと正直に自分の意志で決めるべきなのだ。

日本では子供のために離婚しないという夫婦が多いのだそうだ。親が不仲で、がまんして生活していると、子供はすぐ感じとってしまうものだが。

「結婚ぐらいストレスになるものはないわ」

私の知人に「夫が定年になるまでは」といってがまんしてきた女性がいる。姑のことでもめ、子供のことでもめ、その都度一人になって人生のやり直しを考えたが、決断出来ず夫の定年までと決めたが、夫は出世して重役になり、大会社なのでいつまで経っても引退出来ない。朝早くから夜遅くまで会議会議の忙しさを目にしては、なかなか切り出せない。

子供達は結婚して家を出、二人きりになった。相変わらず心は通じ合わないけれど、今までの忍耐は何のためだったのかと考えると、なかなか別れるわけにはいかない。経済的な不安もある。

彼女はしっかり者で、主婦業が仕事と割り切って、夫からもらう金を自分の来《きた》るべき日のために貯金しておいた。

そしていよいよその日到来かと思いきや、またしても夫は会社に残ることになった。結局夫のことを思って先に延ばしたという。

彼女はもう実行することはないだろうと思う。それはそれでいい。趣味にお金をかけられるのも、夫の収入あってのこと。彼女は自分の選択に、自分で責任を持つしかない。

職業は主婦業と割り切って、誰にも負けず努力をする。自分の生き方から出た選択と信じたい。

彼女の場合は、決して受け身ではない。忍耐しているという意識はない。だからストレスはあまりたまっていないように見える。

よく気のつく日本女性らしい優しい風情を持つ知人がいる。夫と死別し、二人の子供を育てながら私の知人の男性と再婚した。

その男性が自分勝手で、人に言えない悩みもあったのだろう、乳ガンになった。ガンはストレスが原因ともいわれるが、それまで健康だったのに、少しずつ少しずつガンは進行していった。

それでも夫は、家事は彼女にまかせっぱなし、先妻の子に財産をゆずることしか考えず、そばで支えた彼女のことは顧みない。

実家のお母さんが連れ戻しにいったこともあった。

それでも彼女は自分が選んだことだからといって別れようとはしなかった。

夫婦のことだから、外からわからないことも多いだろうが、彼女の自己犠牲の上に結婚生活が成り立っているとしか思えない。もっと自分を大事にして欲しいと思うのだが。

彼女の美しさは、昔の日本女性に通じるもので、内に秘めたものからにじみ出て来る美しさなのだ。人に尽くすことを務めとし、自分の思いは抑えてしまう。

私は彼女にどんなに今まで助けられてきただろう。少しでも良くなって欲しいと思うのだが、先日会った時にはパーキンソン病の影響もあって、杖をついていた。

そのことを共通の友達に話をすると、彼女は言った。

「結婚ぐらいストレスになるものはないわ」

そう言う彼女はかつて十年くらい結婚していたが、離婚して陶器をつくることに専念し始めた。

めきめき腕をあげ、今では特有の自分らしい陶器が人気を得ている。

生地の土を使い、素朴だが親しめる彼女の陶器、自分の家を展示室にして、多くのファンが見にくる。百歳の母上と二人暮らしだが、一人娘のためにがんばって、入院しても必ず恢復《かいふく》して、家に戻ってくる。

「ストレスが一番良くないのよ。家族という摩擦で起こるストレスは毎日のことだから。がまんしないで、自分の道を進めばよかったのに」

私も彼女の意見に賛成である。

女は子供を産むべきか

今後の政府の方針は、女性の登用だと強調されている。女性という人材を社会に活用することについては、日本は遅れている。先進国の中では群を抜いて低い。

私は大学卒業後、ずっと仕事をしてきたが、最初にNHKという大組織に入った頃は男女雇用機会均等法もなく、産休制度なども今のようにきちんとしたものではなかった。

男性からのセクハラの言葉も日常茶飯事。ちょっと疲れた顔をしていると「昨夜はお遊びでしたか」とか、結婚した女性には「やめないの？　よく御主人は何も言わないネ」、さらに妊娠した場合など「よくそんな大きな腹で会社に来られるナ」などなど女性はそれに耐えて生きていた。バカバカしいので私は柳に風と受け流していたが、気にする女性はそれが原因で辞めてしまった。

有能な人材がどのくらい失われていったことか。もったいない。

今はそういうことは少なくなってきたが、人口減が深刻になり、産むことが急に奨励されるようになった。国というのは勝手なものだとつくづく思う。個人の幸せではなく、国の都合で押しつけてくる。

戦時中「産めよ増やせよ」ということがスローガンになっていた。人海戦術でともかく人を増やし、兵隊として南方へ中国へと送っていた。女性も銃後の守りとやら、国内で機械や武器を作ることにたずさわらされた。命は国の都合で増やされ、国の都合で失われてしまった。

団塊の世代など、戦後急に人口が増え、今度は急に人口が減り始めた。何年か先には団塊の世代が高齢者になり、若い人が少なくなる構図も予想されている。その兆候がすでに地方にはあらわれていて、就職先もないままに、都会に人が集中する。

女性に子供を産んで欲しいと言うわりには、産みやすい環境の整備は後手後手にまわっている。保育所や保育園は不足しているのが常態化し、子供を預けられない。子供がいても仕事を一人前にすれば昇進の道は開けているといわれたところで、絵にかいたモチではないか。

法律上は男もイクメンになるべく整えられても、実際に日本の男達が会社を休んで育児をすることは望めない。長年の習慣がそれを拒んでいる。

女性が子供を持とうとしたら、仕事か育児かの選択を一度は迫られる。私の場合でも、もし両立させられるものなら、今とは違う選択もあったかもしれないが、私は迷わず仕事を選んだ。仕事が出来て、自己表現の手段として一生それを持ち続けたいと願って仕事を選んだ人も、私のまわりには数多い。

万全の態勢があったなら、考えも違ったかもしれない。仕事の出来る女性ほど子供を持たない選択をせざるを得なかったのだ。

北欧では公の場の長の半数は女性だし、しかもパートナーがいる。

フィンランドのヘルシンキで出会った市長は女性で、パートナーが育児・家事一切をしているとのことだった。

国会議員をはじめ、主要な役割をはたす女性の数が日本は極端に少ない。世界を見渡せば、女性の首相や大統領はいくらでもいるし、隣国の韓国の大統領も女性である。近い将来、日本に女性の首相誕生は望めそうもない。今までの議員では土井たか子さんが一番近かったというのが私の意見だ。しかし時代が早すぎた。まわりを固める男性のスタッフに恵まれず、男性の偏見に振りまわされた時代だった。先日土井さんを偲ぶ会に出席し、つくづく惜しかったという思いを強くした。

女性を登用し、しかも女性に子供を産んで欲しいと思うなら、社会環境を整えることが急務だ。

スウェーデンでは女性の社会進出と共に一時出生率が下がったが、今は元に戻ったという。

女性が子供を安心して産み、社会復帰をはたし、その力を存分に発揮出来る社会の仕組みが万全だからである。

それを整えることが、日本でも必須条件である。

子供が欲しくても出来ない女性に「子供を産め」は過酷

日本ではあいかわらず、家に関することは女性の手にゆだねられている。

家事、育児、介護、最近では介護が大きくのしかかって、そこで仕事を辞めねばならぬケースが増えてきた。介護の八十パーセントは女性にまかされていて、男はたとえ自分の親であっても、妻の手を借りざるを得ない。

負担は女性にのしかかり、その上で社会的にも活躍するとなるとスーパーウーマンにならなければとてもこなすことは出来ない。

今年度の予算で大幅に介護報酬が削られた。介護にたずさわる人の月給は増えるというが、国の方針としては在宅介護をこれからのメインに据えて考えていくという。

在宅で、家に介護士に来てもらうといっても段階があり、いざという場合は家族にまわってくる。妻を想定しているのだ。

介護に女性が必要とされれば、四、五十代で責任ある地位につき、これからという時に仕事を辞めざるを得ない。これで女性の社会進出など可能だろうか。恵まれた環境の人だけが生き残れるのでは不公平だ。

私が今まで絶え間なく仕事をしているのは、自らの選択で出産や育児をしなかっただけでなく、家事のうち炊事についてはそれが趣味の夫がほとんどをやっているし、週に一度はお手伝いさんが掃除・洗濯に来てくれるからだ。

親の介護については、あっけないくらいに、みな病んですぐ亡くなってしまった。介護の苦労は知らないが、友人・知人に話を聞くたびに、そのがんばりに頭が下がる。

国は女性の生き方について口をはさむ前に、社会環境を整えるだけで十分だ。女性は自分の生き方は自分で考える。今の女性は賢明だし、男よりも真剣に自分の生き方を考えている。

女の選択にまかせるべきだ。

女性は子供を産む機械という発言をした男の国会議員がいたが、女性も自分を表現することで自由な生き方をする権利を持っている。

子供の数が減っている現実を前にして、女は子供を産むべきという悪しき考え方が戻ってこないように監視する必要がある。

子供が欲しくても出来ない人がいる。最新医療に頼り、治療をして授かった例もあるが、欲しいと思いながら出来ない人にとっては、「子供を増やす」という国の施策はどんなに過酷なことか。

かつては「嫁して三年 子なきは去る」といって離婚させられた例も少なくはない。しかも跡取りの男の子を産むことが求められた。

子供は何も、自分のDNAを受け継いだ子でなければならないわけではない。DNAが受け継がれていなくとも、みな同じ子供なのだ。

欧米では自分の子がいても、養子をとる例は多い。我が子同様に育てている。

なぜ日本人はDNAにこだわるのか。自分と血のつながった子をこの世に残したいという本能的欲求が先祖から累々と続いているからだろうか。それが血のつながり、イコール家族という考えに結びついていく。

血などつながらなくとも、思いでつながっていれば十分ではないか。思いがつながらないから血に頼るしかないのでは、と皮肉の一つも言いたくなる。

タイで何人もの女性に自分の精子で代理出産させた例があったが、どうしても自分のDNAのある子供が欲しいと思うから、こうした奇妙なことも起こるのだろう。

子供を産む、産まないは親の意思に任されているからこそ責任は重大だ。

家族に捨てられて安寧を得ることもある

幸福な家族とはどういう家族のことをいうのだろうか。親子きょうだい仲良く平和でけんかすることもなく、お互いを理解し助け合って生きている。そんな家族がいたらいっそ気持ち悪い。ほどほどのお金もあって、健康で人も羨むような……。

家族は近くにいるから常に気になる存在で、言い合ったり、けんかしたり、価値観も違うし、性格も違う。衝突することも多いし、一度確執が生じたら解決することはなかなかむずかしい。そこでお互いに譲り合って、許容出来るかどうかが大事である。

常に危うい橋を渡りながら、たいていの家族は、かろうじて均衡を保っている。シーソーの片方が重ければ、もう片方を重くしてうまく乗り切ろうとする。

たとえ家族的には恵まれていなくとも、自分に正直に生きた人は幸福度が高いのではないだろうか。

つれあいが大学で教えた学生の中に新聞記者になった女性がいる。彼女は、横浜の寿町などの通称ドヤ街の取材をし、そこに住むおじさんとすっかり仲良くなった。今でも顔を出すと温かく迎えてくれ、彼女がウツで悩んだ時も支えてくれた。

家族を捨てて、家を出てきた人々だ。最底辺の暮らしをしながら、新聞を欠かさず読み、本が好きで、自分で文章を書く人もいる。いつだったか、朝日新聞に常に投稿してくる歌人がいて、その人がドヤ街の住人とわかり、ノンフィクションとして描かれたことがあった。私も好きな歌だったが、どうしても本人を見つけることが出来なかった。見つけられたくなくて身を隠してしまったのだろう。

ひっそりと息を潜めて生きていく人生を選ぶ人もいるのだ。過去に何があったのかはわからない。どんな苦しみや悲しみがあったのか、それは家族でいやされるものではなく、逆に家族によってささくれ立ってきたのだろう。最後の決断として、家族を捨て、あるいは家族に捨てられてようやく安寧を得たのかもしれない。

家族だった人々も一時は捜しても、諦めてしまったのだろう。人間しょせん生まれる時も一人、死ぬ時も一人なのだ。

一人が一番満ち足りているということもある。つれあいがいる私も、一人になると、ほっとして、その時間がいとおしい。

孤独に明日をも知れぬ暮らしをしている人々は、どうやって自分の心の均衡を保っているのだろうか。かえってストレスのない暮らしを確保しているのだろうか。

隅田川畔や上野公園に段ボールハウスをつらねている路上生活者も同じだろう。取り締まりがあっても、その時だけ撤去してまた戻ってくる。一度味わったら、それ以上の自由はないのかもしれない。

私の住む都心のマンションの横に小公園がある。ベンチには路上生活のおじさんがいて、桜の季節には花の下で酒らしきものを飲んでいた。

私はそのおじさんと顔見知りになって、一緒に酒盛りをしたことがある。おじさんは決して自分のことや家族については話さないし、こちらも聞かない。政治の話、社会の話、けっこう楽しい。公園の猫・サンちゃんもすっかり彼になついて、夜一緒に寝ていた。

そのおじさんの姿がぷっつり消えた。ベンチが撤去され、石の小さな腰かけに変わっていた。マンションの誰かが御注進と区へ連絡したのかもしれず、どこへ行ったのかこの冬空にと思うとたまらなかった。

公の機関は家族のいない人には冷たい。家族がいれば安心する。たとえどんな家族でも。

親の虐待で子供が死亡することがある。行政は、虐待の事実をつかんでいても、実の親なのだから、家族がいるのだからと注意ぐらいに止めて手遅れになった例が多い。

家族さえいれば安心する社会に馴れすぎていないだろうか。

就職や結婚も、「ご家族がちゃんとしているから」という理由だけで決めてはいないだろうか。

孤独死は不幸ではない

NHKのドキュメンタリーだったと思うが、とうの昔に家を出てドヤ街に暮らす父親を捜す息子の話があった。

息子は父親が家出したために苦労が絶えず、そのため長い間父親を恨んでいたが、自分も成人し就職して、なぜ父が家を出たのか、気になってどこにいるのか、捜し始めた。やっとのことで大阪の釜ヶ崎に生きていることをつきとめる。

心を決めて実父に会いにゆく。生まれて間もなく別れたので顔もさだかではない。最初はぎこちないが、回を重ねるにつれ、少しずつ話が出来るようになって、親しみが生まれていく。

息子は名古屋に仕事を見つけていて、正月や何かの折に父と一緒に食事をするまでになった。

最近、息子が少しゆとりのある部屋を見つけて、父と一緒に暮らすようにしたという。再生した家族の誕生である。父親も嬉しそうだ。この家族の場合、まず息子の思いがあり、それが父親捜しの行動に結びつき、父と時間をかけて話をして、共に住もうという結論に至った。

何年も前に別れて顔も知らない者同士が思いをはぐくんで家族が出来上がった。思いが生まれて家族という形態がついてくる。心がつながっていなければ、家族ではない。

家族という形より先に思いがあって形態が出来ていく方が、家族と呼べるのではないか。DNAなどさほど重要ではない。

もう一度、幸福な家族とは何なのかを考えてみたい。

「畳の上で死にたい」

日本人はそう思う人が多い。今ならさだめし、「ベッドの上で死にたい」ということだろうか。

自分の家で家族にみとられながら死にたいと思う人が多い。実際には病院のベッドで死ぬ人が多いのだが……。

家族のいない人はどうするのか。みとってくれる家族もおらず、誰にも気づかれず一人息を引きとっていたという例は珍しくはない。高齢化が進むにつれて独居老人が増え、都市部では死んでいても誰も気がつかないことも多い。

地方の場合は地域社会のつながりが強いから、誰かが気づく。郵便配達人や新聞配達員が配達のついでに声をかけて安否を確かめる。元気な証拠に黄色い旗を玄関にあげておく地方もある。先日地震のあった長野の白馬村では、お互いの家族構成や、誰がどこに寝ているかまで把握していたために、地震直後に倒れた家の中から被災者を救い出すことが出来て、犠牲者が出なかった。

高齢社会では、家族とは血のつながった人間ではなくて、地域社会の人々ではなかろうか。それがあれば淋しくはないし、不便でもない。

今一度、家族とは何かを考えてみる時期に来ている。

都会で独居してそのまま亡くなるケースを人々は悲惨だというが、はたしてそうだろうか。

本人は一人暮らしを存分に楽しみ、自由に生きていたかもしれない。誰にも気づかれず、ひっそりこの世を去ることが希望だったかもしれない。

後始末で迷惑をかける部分もあるが、本人が満足ならそれでいい。一人で死ぬのは、覚悟の上だろう。少しずつ食物を減らして水だけにし、最後にはそれもとらずに亡くなるという死に方を選ぶ人もいる。

野たれ死にといわれようと、覚悟の上ならいいのではないか。

心ない家族にみとられるよりは満ち足りているかもしれない。

死に方はその人の生き方でもある。その人らしい死に方なら、それで十分だと思えるのだが。

家族の墓に入らない人が増えている

家族がいるからといって幸せとは限らない。逆に家族がいなければ不幸せかというと、そんなこともない。私の友人・知人には一人暮らしが多いし、自分の生活を十分に楽しむコツを知っている。困った時は、心から相談にのってくれる友達がいる。

私のアナウンサー時代の後輩で福祉の専門家として活躍している女性は、関西に転勤していたのをきっかけに、信頼出来る友達を見つけ、十人ほどが集まって老後のために共に暮らす場所を関西につくり、日頃は東京や各地に住んでいる人が集まる。

彼女は東京でお母さんと二人暮らしだが、関西の将来の住まいに行って時々友達に会う。ぜひそこを見に来て欲しいと言われていて、私も新しい家族のあり方を考える上で見学したいと思っている。

これまでの老後の施設は管理型が多い。管理者にとって都合がいいように、個人の自由はなかなか確保されない。最後まで仕事をして自分らしく生きたい人にとっては、自由こそ手放せないものなのだが。

同じ考えの人達が集まってスタッフを募集し、最後までお互いを尊重して暮らす、新しい形の家族の試みが始まっている。

大学時代の友人は、中国地方で三本の指に入る山林王の娘だが、自分の生き方は自分でと、パートナーが十年前に亡くなってからは一人暮らし。父親が赤坂に持っていたビルの管理を仕事としてきたが、その会社には心を許した後輩を入れて、まるで家族のようである。

彼女は信頼出来る友人数人で、死後同じ墓に入ることを決めている。故郷鳥取には立派な墓地もあり、その家の神社すらあり、実家は文化財としてバスツアーのコースにも入っているというのだが……。

昔父上が健在の頃、訪れたことがあるが、夜中にトイレに起きて、部屋に戻るのに迷ってしまうほどの豪邸であった。

自分達で家族をつくる。心許した仲間と同じ墓に入る。そうした試みが見られる。仲が良いわけでもなく、心も許せない家族が無理やり一緒に墓に入るよりは、よほど自然なことだ。

海に骨をまいて欲しい、樹木の根元に埋めて欲しい、と葬り方も色々である。なにも家族が同じ墓に入らなければいけない理由はない。

墓のあり方を見ても、いかに家族が変わってきているかがよくわかる。死んでまで、夫の家の墓に入って姑にいびられたくはない。忍耐はもうたくさんという気持ちだろう。死後のことを考えると家族のあり方がはっきり見えてくる。

私のまわりでも、先祖代々の墓には入らない、夫と一緒の墓には入りたくない、という例が多い。生前は世間体などを考えてがまんしてきたが、死んでまで夫と一緒にはいたくない、心の通じ合う人や自分の父母といたい、という思いもわからなくはない。

顔も知らない人と同じ墓などまっぴらごめんというわけである。

私自身のことを考えても、下重の家、私の父母の墓の方が、つれあいの墓よりは気心が知れている。

私の兄は、自分達だけの墓を作った。冠婚葬祭の際にだけ家族が集まることが多いのだが、それもすっかり崩れてきて、家族は名目上のものになりつつある。
家族が形骸化し、心のつながりという一番大事な部分を失いつつある証拠だろう。

結婚はしなくとも他人と暮らすことは大事

物書きの団体である日本文藝家協会には、作家達の墓がある。富士の裾野に、名を刻み、家族で入りたい人は入れる。

自分のつれあいの家の墓に入るのではなく、そこに入りたい人が増えている。私も日本文藝家協会の一員なので、入りたいという希望はある。

その数が多いために、満杯になりつつあり、今後どうするかが問題になっている。いかに先祖の墓に入らない人が増えているかがわかる。

無縁墓や誰も面倒を見ない墓が整理され、墓石の捨て場に困っている場面をニュースで見たことがある。

誰も面倒を見ない、お参りにも来ない墓がいかに多いことか。

先祖代々その墓といっても、遠くまで行くのは時間もお金もかかる。誰も来ない墓が増えるのも仕方ない。

下重の家の墓は、親類の寺の墓地にある。文京区団子坂の上にある光源寺である。祖父母の代からだから入っている人の顔はわかっている。お彼岸には事情の許す限り、私は自分で選んだ花を持ち手を合わせに行く。

つれあいの家の墓は多磨霊園にある。大勢の有名無名の人々の墓にまざっているが、祖父母の代からここにある。もともとは地方にあったのだが、東京に移動させたらしい。墓を見て歩くと、植わっている樹々や花、墓石など様々だが、家族が訪れているかどうか一目でわかる。荒れ放題に苔むして名も知らぬ樹々が空を覆っていたりする。

先日久しぶりに訪れたら、黒い実をつけた名前もわからない木が大きくなっていたので、一枝を折って近所の花屋で調べてもらった。一年に一回くらいお参りに行きたいと思うのだが、なかなか思うにまかせない。

亡くなって最初のうちは誰かがお参りに来ても、徐々に足が遠のき、やがて全然来なくなる。淋しいが、これも時代の流れ。家族とは今生きている人にとってのものなのだということがわかる。少なくとも、生きている人中心なのだと思わねばならない。

非情とはいえない。いつまでもつながっていくものではなく、その時代、その時代で変化する。考え方も形態も。

家族を固定観念でとらえる必要はない。家とはこういうものという決まりもない。そこに生きる、自分達が快く生きられる方法をつくり上げていくしかない。

問題を抱え、ストレスのもとになる家族よりは、心から通い合える人がそばにいるかどうかが大切なのだ。

私の家族は今のところつれあい一人。そのつれあいと心が通じ合っているかといえば、それはわからない。少なくとも価値観は共通しているし、金や地位やこの世の泡のようなものにとらわれない淡々としたところは気に入っている。

男友達をながめても、なかなかそういう男はいない。私もさりげなくがモットーだが、つれあいに比べればまだしも現世的な欲は強いかもしれない。

つれあい、すなわちパートナーがいることは私にとってはありがたいことだ。

家族というもたれ合いは好きではないが、共に暮らす相手がいるのは、よかったと思っている。

血がつながらない、他人と一緒に暮らしてみることは、大事だと思うようになった。特に私のように、両親に反発して自分勝手に生きてきた人間にとっては、他人と暮らすことは様々なことを教えてくれた。

今まで全く知らなかった人と一緒にいることで、一人の時のように好き勝手には出来ない。相手のその日の気分や外で何があったかなどを考え、思いやらざるを得ない。私にも相手のことを想像する余裕が出来たことはよかったと思っている。

家族のアルバムが意味すること

山田太一原作・脚本の『岸辺のアルバム』は、テレビドラマの名作として知られている。

一九七四年多摩川で堤防が決壊、十九棟が崩壊し、流された。その事実をもとにつくられた。平凡な中流家庭が妻は年下の男と不倫、夫は東南アジアの女性を風俗店に紹介し、子供達もそれぞれが秘密をかかえているが、うわべは仲良く振る舞っている。ところが水害で個々の生活があからさまになり、平凡な家族を濁流の中にのみ込んでいく。

オープニングのニュース映像を使った濁流のイメージが鮮烈である。その家族が、最後に必死で家から持ち出したものが家族のアルバムであったということは、なんとも皮肉である。多摩川の岸辺で、つくり笑顔でとった写真も貼られている。

食卓を囲んでハッピーエンドのホームドラマに一石を投じた印象深い作品であった。『岸辺のアルバム』は家族をつなぐ唯一のもの、たとえ崩れていても、嘘で固められていても、拠り所は家族しかないという示唆であるのだろうか。

家族という実態はアルバムの上にしかないということであろうか。人はそれでも必死にアルバムを持ち出そうとするだろうか。

私の実家は、その一九七四年の水害のあった多摩川の少し下流にあり、私もその頃そこに住んでいたから、強烈に憶えている。山田太一氏による、さりげなくて怖ろしい作品であった。

三・一一が起きたあとも、津波に流された海辺のかつての自宅跡に茫然とたたずみ、アルバムを探す人々の姿があった。

持ち出そうとして出来なかったものは、位牌などに次いでアルバムが多かった。

子供が生まれ、成長の過程で家族写真を撮る。私の小さい頃は今のようにどこの家にもカメラがあるわけではなかったので、写真館へ行って盛装して写真を撮ってもらった。私の家にも折々にとった家族写真がある。私の誕生、兄の入学式など……。軍服姿の父、着物姿の母が一緒だ。勲章が山ほどついた大礼服に羽根のついた帽子がなんと時代がかっていたことか。

あの時、父の胸中には何があったか。母は何を思っていたか。

ふだんとは違うよそゆきの顔で家族を象徴する写真であった。

戦後は家族写真は存在しない。そんな余裕がなくなったせいもあるが、父の追放による失職。兄の東京への出奔、私の寄宿と、家族でそろって写真をとった憶えがない。戦争に負けた時点で、私の家族はバラバラになった。

戦前から戦時中のわが家の家族写真は、軍人家族という虚飾の上に成り立っていたのである。雑誌やテレビの取材で昔の家族写真をといわれて、しぶしぶその写真を差し出したこともあるが、釈然としない。

私はたとえ災害に遭っても、家族のアルバムをまっ先に持ち出すようなことはしないだろう。そこに写った家族や私自身にそれほど未練はない。それは過去のある出来事にすぎず、いつまでもいつくしむ気持ちはない。

仕事柄、私は写真を撮られる機会が多いのだが、手元にある自分の写真は意外に少ない。

「昔の写真を」などと言われるとほんとうに困ってしまう。写真は過去の自分でしかなくて、それをながめて過去を懐かしむという気持ちにはあまりなれないからだ。

家族ほどしんどいものはない

わが家にはごく小さい時を除いて、いわゆる家族団欒というものがなかった。そういうチャンスが訪れても、なんとなくてれくさく、団欒なる生暖かいものに浸っているとなんとも居心地が悪かった。

父も母も兄や私を可愛がってはくれたが、私はある年齢からは食事の時に父と顔を合わせても、そそくさと席を立って、自分の部屋に行ってしまった。

そのうち食卓を父母や兄と囲むこともなくなった。

私の病気も関係している。小学校二、三年生の時肺門淋巴《リンパ》腺炎という病で学校を休み、家でも別扱いされていた。結核のはしりで、伝染するものだけに、私は一部屋を与えられ、そこで別扱いを受けることが多かった。

疎開先でも転校した学校には行かず、家にあったピンポン台をベッドがわりに、毎日熱計表をつける。友達はおらず、向かいの陸軍病院の白衣の兵と話すくらいだった。彼等も軽症の結核患者であり、一日おきにその病院から軍医が私を診察に来て、「ヤトコニン」という静脈注射を打っていった。結核の特効薬はまだ出来ていなかった。

友達は、一緒に疎開してきた本好きの父の蔵書（小説が多かった）と画集だった。それを飽きずに一ページずつめくりながら、退屈することがなかった。

そういう時期があったために私は一人遊びが上手になった。楽しみを見つけることが得意だし、妄想や空想を描いて退屈するということがない。

一番身近な家族にこうして欲しい、ああして欲しいという期待を持つこともない。期待してもその通りにいくことはないし、衝突して淋しい思いをするばかりであった。

外で遊びたい、同い年くらいの友達がいれば……と思っても、病気の私にはそれがかなわない。諦めに似た気持ちで、私は人に期待することをやめてしまった。

それよりも独りの方がいい。孤独の楽しさを幼くして知ってしまったために、私は家族といえども、みなそれぞれ違うのだということをいやでも自覚させられることになった。

結核は敗戦と共に治ったらしく、学校へ一年の遅れもなく戻ることになったが、独りでいる癖はずっと続いた。

父とけんかになっても、何でも許容してくれる母が歯がゆく、自分の世界に籠もっている方が無難だということがわかっていた。

家族に期待していなかったために、向こうから期待されることは負担だった。彼等が期待するような学校への進学や成績をとることはなんとかなったが、父や母のためにがんばったつもりはない。

この先自分の好きな道へ進み、自分で生きていかねばならぬと思ったからだ。特に、経済的自立は必須だった。それがなければ何も始まらない。

自分の考えと生活をはっきり自覚することが出来るようになって、母とも対峙出来るようになった。彼女の育ち方や考え方を許容出来るようになった。

家族も独りの集団なのだ。三人、四人、五人、という親、きょうだいという家族の一団なのではない。

自分の家族と思うから余計な期待をしてしまう。それがストレスになり甘えになる。家族の間に日常的に微風を吹かせておきたい。べったりで相手が見えなくなり、排他的になるなら、家族ぐらいしんどいものはない。

孤独に耐えられなければ、家族を理解することは出来ない。

独りを楽しむことが出来なければ、家族がいても、孤独を楽しむことは出来ないだろう。

独りを知り、孤独感を味わうことではじめて相手の気持ちを推しはかることが出来る。家族に対しても、社会の人々に対しても同じことだ。

なぜなら家族は社会の縮図だからである。

第三章

家族を知る

介護で親子は互いを理解する

ＮＨＫ文化センターでエッセイ教室を月一回続けて二十年になる。受講者は若者から高齢者まで、年齢層もまちまちだし、山形の鶴岡、日光、浜名湖近辺など遠くから通ってくる人もいる。仕事も様々、生きてきた道もそれぞれで勉強になることが多い。

かつて市長の秘書をやり、退職後老人問題に取り組み、その人らしい人生を最後まで送るための仕事をしている女性がいる。

彼女自身百歳になる母親を抱えて、時間の許す限り通っている。母親は八王子の実家に弟夫婦と共に暮らしている。彼女もこの家で育ったのだ。弟夫婦が一緒だから、介護士の手も借りながら、一番自分の馴れた環境で暮らしている。その意味では幸せといえるだろうが、精神面の介護は他の人には出来ない。彼女が月に何度か帰ることによって話をし、安定が保たれている。多少の記憶力の減退はあるが、ずっと同じ環境の中で、話をする人がいるので元気でいられるのだろう。

昔の人らしく、他人に気を遣うのが生きがいで、近隣でとれる地鶏の卵などを友人・

知人に贈って喜ばれている。「実家に行ってきました」とそのたびに私にも卵が届けられる。丸く盛り上がったオレンジ色の黄身を見ると、早速卵かけごはんにして食べたくなる。土の上で遊んでいる地鶏だから、おいしさといったらない。そろそろなくなってきたと思う頃に送られてくる。「ああ、またお母さんのところへ行ったナ」ということがわかる。母親の生きがいを奪ってはならないから、発送の手伝いをし、母親の話を聞く。記憶の糸をたぐり寄せていくと一つずつ場面が思い出されるらしく、母親は饒舌《じょうぜつ》になる。そのことが精神的にも肉体的にも大事なのだ。

私の母も、お金がなくても最後まで人に物を贈ったりごちそうするのが好きだった。それは彼女の残されたコミュニケーションの手段であり、私がとやかく言うべきものではなかったのだ。時々文句を言うと、悲しそうな顔をした。もっと話を聞いてあげるべきだったと思うが、気がついたら八十一歳で亡くなっていた。人一倍、話をすることが好きだったから、何も喋らず、とりつく島もない娘相手では、さぞ淋しい思いをしただろう。

エッセイ教室に通ってくる彼女自身も市の職員だった頃は、母親の話を聞く余裕はなかったという。母親のもとを訪れることも少なく、顔を見るだけで帰ることも多かった。そんな彼女も、母親が百歳になり、肉体的にも衰え、月に何度か訪れる彼女を待ちこがれているのを感じて会話をするようになったという。

八十代はまだ自分で何でも出来たから話をすることもほとんどなく、その頃死んでいたら、結局母親と何も話をすることがなかっただろうという。

介護が必要となり、月に何度か実家へ帰るようになってはじめて、母親の話に耳を傾けるようになった。

物の考え方や性格、そうだったのかと気づかされることがたくさんある。

彼女が愕然としたことがある。母親の好物は何かということ。長い間、刺身など新鮮な魚が好きだと思っていて、訪れる時には、魚を求めて持参していた。ところが母親が好きだったのは、「うなぎ」だということが判明した。ごく最近のことだ。それからはおいしいという店のうなぎのかば焼きを持っていくと嬉しそうに食べるという。

昔の人だから魚が好きだろうと決めてかかっていたのだが違うらしい。よく見ていると、魚料理よりビーフシチューとか肉料理を喜んで食べる。

年をとるとあっさりした魚とか野菜というパターンで考えがちだが、元気で長生きという人には肉好きが多い。日野原重明先生（聖路加国際病院名誉院長）は百三歳で今も以前と変わらず仕事をし、趣味を楽しんでいるが、週に一度はビフテキを食べるというし、瀬戸内寂聴さんなども肉が好きだという。

「人それぞれなのに、私は母にマニュアルを押しつけていました」

と彼女は言う。年をとると、その人の性格があらわになって、違いがあらわれてくる。老後の介護も上から固定観念を押しつけるのではなく、その人に合ったものを引き出してあげることが大切だという。

月に数回通っている、岩手県の施設などではそれを実践しているそうだ。私も年をとることは個性的になることといつも言っている。時間もお金も体力も減ってきて、やるべきこととしたいことに集中するから、年を重ねるごとにその人らしくなるのだと思っている。

親は要介護になってはじめて弱い姿をわが子に見せられる

柩《ひつぎ》を覆《おお》う時が一番その人らしくあればいいと願っている。そのために介護も十把一絡げではなくて、個性を尊重するものでなければならないが、現実にはそうなっていない。高齢者を管理するには同じ娯楽や同じ食事を与えるのが簡単でお金もかからないからだ。

多くの施設は入居している人のためというより、施設の経営者やスタッフの管理しやすいように流れてしまう。

介護従事者の働く条件は良くならず、介護報酬も削られる傾向にあっては、一人ひとりに目配りした介護など出来ようはずもない。

彼女は言う。

「一番家族がわかり合える、話が出来るのは、親に介護が必要になった時ではないか。家族はいやおうなく向かい合い、お互いを理解するために話を始めるのではないか」

そうかもしれない。元気で忙しい間は、相手を理解しようとしない。自分には自分の生活があり、新しい家族も出来ている。子育てや教育に気をとられ、親のことなど目が届かず、いつの間にか親と子の間には大きなへだたりが出来てしまう。

家族にのしかかってくる介護の大変さは私の身のまわりでも見聞きするが、生活上の細かいことは介護専門家にまかせるとしても、精神面では、家族が担うしかない。

それを大変なこと、辛いこととして受けとめるか、親をはじめて理解する機会ととらえるか。彼女の言葉によれば、親が弱い立場になってはじめて本来の親の姿を知るのだという。

親は親という役割と立場上、なかなかほんとうの姿を見せない。健康な間は弱みを見せないものだ。そのままに受け取っていると、親の姿を知ることなく過ごしてしまう。子供は成長して親を乗り越えていくから、素直な態度がとれなくなる。きょうだいも自分の暮らしだけで精一杯で、家族が家族として協力したり助け合ったりしなくなる。

かつての大家族のように共に暮らしていれば相手への思いやりもあるかもしれないが、核家族で切り離されてしまうと、形だけの家族、親、きょうだいになっていく。お互いを知るチャンスは永久に失われていく。

親が介護を必要とする状態になってはじめて、家族が再び会話を取り戻し、理解することが出来るかもしれないのだ。

百歳で亡くなった義母は私が見舞いに行くと、二つの家庭の板ばさみになった子供時代や女学校時代の話をよくしてくれた。次々質問すると糸がほぐれて記憶が恢復する。誰しも自分のことを知ってもらいたいのだ。私に出来るのはそれを真摯《しんし》に聞くことだった。

家族はなぜ排他的になるのか

盆と正月、必ずニュースになるのが帰省ラッシュである。高速道路に延々と続く車の列、新幹線の乗車率が百パーセントを超え、子供の手を握った親が、もう一方の手でキャリーバッグを引いている。

「冬休み、何が楽しみ?」というリポーターの差し出すマイクに子供が答える。

「おばあちゃんやおじいちゃんに会えること」

「おもちつきと雪だるまを作ること」

親も笑顔だ。

「両親に大きくなった姿を見せてあげようと思って」

「お年玉をもらえるのも助かります」

登場する家族はみな善人である。

テレビの中では、家族は善人でなければならないのだ。日々そうしたパターンを見せられている。街頭インタビューなどは、すでにある風景が出来上がっているのだ。

久しぶりの帰省を楽しみにし、親の顔を見、子供に田舎を見せたいという気持ちはわかるが、田舎のない子供達にはそれがどう映るだろう。

あんなに混雑する中をよく移動するナと私は思ってしまうけど、現実の家族連れは、楽しそうに見えるし、誇らし気ですらある。

人は人が集まる混雑の中にいたがるというが、多くの家族連れの中に身を置くことで、人並みの暮らしだと安心するのだろうか。

家族のいない人はどうするのだろう。友人の独身女性は言った。

「お正月やお盆休みぐらい憂うつなものはないわ。どこへ行っても家族連れという団体さんでいっぱい。一人の者は身の置き場がないのよ。日本にいるとみじめだから、ツアーを予約して外国へ旅にゆくしかないのよ」

最近はその旅も家族連れに占拠され、身の置き所がないという。

都心のホテルでゆっくりしたいと思っても、食べ物のメニューから催しまで家族向けで、いやおうなく一人を意識させられる。

家族連れのイメージといえば、こたつに入ってみかんを食べながら紅白歌合戦を見るというのが定番。

「あの構図を考えるだけでぞっとするのよ」

と彼女は言う。

私もあまり好きではない。家族だけという甘えの中のだらしなさがいやなのだ。

放送局に勤めていた頃、私は年末年始は忙しく仕事に追われていた。生放送が多かったので、ひまなのは売れていない証拠である。父や母と顔を合わせるのは三が日をすぎてからだ。

その癖がついているので、年末年始は今も仕事をしている。人が忙しい時に海外などへ出かけて遊んで、他の人が遊んでいる時には仕事をしているのが好きだ。年末年始の東京の空は澄み切ってきれいだ。近くにある増上寺や氏神様に初詣でには行くが、後は家で原稿を書いている。

だからといって何もしないのではない。正月三日間の朝は、二人きりの家族である私とつれあいは、必ず着物を着ておとそで祝う。門松もマンションのドアの両側に立て、おせち料理もつれあいが作る。元日の夜にウィーンフィルのニューイヤーコンサートなどをテレビで見るのも決まっている。それが一番落ち着くし、私達には合っている。

知人が訪ねてくることはあるが、静かな刻《とき》を持つことが一番大切で、正月や盆にどこかへ出かけることはない。

私が言いたいのは、他の家族や世間に合わせるのではなく、自分達の家族構成を考えて、行事を企画して欲しいということだ。

地方にはかつて、それぞれの行事があった。村落の人々が山の氏神様に酒や供物を捧げ、毎日交代で火をともしに行く。獅子舞も来るし、正月を盛り上げる行事が存在していた。今はどの村落も高齢化で若い人がいない。祭りや行事にたずさわる若者がいなくなった。

百年以上続く大家族の家に都会からUターンした友人がいる。夫婦と子供二人、祖父と姉、働ける男は四十代の彼をのぞいてその集落にはいない。何かというと地域の寄り合いに駆り出され、掃除や雪おろし、草刈りなどの共同作業や昔から続く行事に参加しなければならない。

病院に勤めている彼はUターンしたことがよかったのか悪かったのか考えてしまうことがあるという。

核家族という言葉が出来て久しいが、Uターンした稀少な人々にも世間のしきたりという重い現実がのしかかり、疲れ切ってしまう。生活の根本になる働き場もなかなか見つからず、受け入れ態勢は整っていない。

「あなたはえらいわね」

と言うたびに彼は複雑な顔をする。

家族とは何なのか、個という生き方と家族は相反するのか、家族は、個の生き方の前に立ちはだかるものにもなりかねない。

手放しに家族万歳とはいかない中で、テレビは「鶴瓶の家族に乾杯」やドラマなど、家族への憧憬《しょうけい》を描いたものが主流である。

国は、家族を礼賛《らいさん》する。戦時中がそうであったように、家族ごとにまとまっていてくれると治めやすい。地方創生というかけ声はとりもなおさず、管理しやすい家族を各地につくることに他ならない。その意味で、家族とは小型の国家なのである。

そうだとすると、小型の国家たる家族は排他的にならざるを得ないのかもしれない。国家が自分の国を守るために他の国と戦を交えるように、家族もまた、輪の中の平和と安泰をはかるためには排他的になり、自分だけよければという行動になる。

家族という名の暴力

電車の中で家族連れの一群に出くわす。父、母、二人の子供という構図だったとする。父と子、母と子、夫婦という一対一ならまだ緊張感があるが、この構図がもっとも具合が悪い。親は、自分の子供を守ろうとする。

席が空くと、直ちに「○○ちゃん空いたわよ」と座らせようとする。赤ちゃんを抱いたお母さんならともかく、元気いっぱいの子供を座らせる必要はない。しっかりと自分の足で立たせて、お年寄りや身体の不自由な人がいたら自然に席をゆずるという教育が躾としてあって欲しい。最近は私も若者から席をゆずられることが多くなったが、子供からは少ない。はしゃぎながら友達同士でシルバーシートに座っていたり、周囲に関心を持たない子が多い。

ニューヨークの友人の家に滞在した際、出かけるたびにバスの中で席をゆずられた。私は六十代くらいだったはずだが、女性だということでゆずられたのだろう。

公共の場でのマナーは、その国の成熟度をあらわしている。家族もいつまでも自分だけの世界に甘んじるのではなく、社会の中の一員に成熟していって欲しい。

飛行機の中で見た忘れられない光景がある。地方から東京へ帰る際、八十代くらいの老人が、私の前の席に座った。はじめて飛行機に乗るのだろう。期待と緊張が全身からにじみ出ている。窓ぎわの席に座って、窓の外に視線を漂わせている。

空が仄《ほの》かに赤らんで、夕焼けに染まり始めていた。

突然にぎやかな声と共に親子連れが乗ってきて、老人の隣に座った。子供が母親に言う。

「ねえ、窓ぎわに行きたいよう。外が見えないじゃん！」

「そうねえ、席かわってくれればいいのにねえ」

あてつけがましい言い方に、とうとう老人は席をかわった。私は知っている、その老人がはじめての旅で、どんなに窓からの景色を楽しみにしていたかということを。もう少しで私は声を出すところだった。かろうじてやめたが、家族という名の暴力に腹が立って仕方がなかったのである。

家族に迷惑をかけられる喜びもある

八月に叔母が死んだ。享年九十二。湘南辻堂にある老人マンションで一人暮らしだった。

叔母は私と血はつながっていない。母の弟である叔父のつれあいで、叔父は十年前に亡くなっている。二人には子供はいなかった。というよりつくらなかったのかもしれない。

叔父は、福祉の専門家である。日本社会事業大学の名誉教授で、社会事業や仏教史に関する著作も多い。

死の間際まで自宅で仕事をし、暁方《あけがた》こと切れた。学者としては大往生というべきか。享年九十一であった。千葉にある仏教系大学の淑徳大学には学問の碑という顕彰碑と、分骨した墓がある。

つれあいである叔母は、叔父のすすめもあって、大学を出て出版社に入り、編集者として別冊の編集長もやり、農業問題や女性問題について講演していた。

私が言うのもなんだが、仕事が出来る、エキゾチックな美人であった。自立して仕事をする女性の草分けであり、その上おしゃれで、年をとっても美しさを失わず、憧れの存在でもあった。

彼女は養女だったので、東京の親の土地に別棟を建てて叔父と二人で住んでいた。叔父が亡くなってから整理が大変だった。叔父は上越のかつての地主の長男だったから、農地解放があったとはいえ、家屋敷や山林や田畑など多く残されていて、それをどう処分するか。

東京で学者として仕事をし、祖母の存命中は週末になると上越へ戻ってはいたが、跡を継ぐ者は誰もいない。下の叔父は仙台で医者をし、そのつれあいは女子大の教授であり、子供は、病気で二人共亡くなってしまった。

血のつながりで考えると、上越の家に関係があるのは、姪である私しかいないことになる。私はすでに自分の道を歩いており、仕事は東京で続けなければならず、結局新潟の家を継ぐ者は誰もいない。

築二百年ほど経つ雪国の家は、夏になると避暑をかねて上の叔父が帰っていただけで、使われることがなかった。六畳ほどもある仏間とかかえ切れないような大黒柱、蔵の残る家に、住む人は誰もいない。

叔母は、生前に整理にとりかかったが、大変さは筆舌《ひつぜつ》に尽くしがたかったようである。専門家の手を借りたのだが、古い家の記録などわからぬものも多く、豪雪地帯の過疎の村落なので、町に土地や山林を寄附するにも、お金をつけなければ引き受けてもらえないことが多いのだ。

隣の家が祖父母の代から面倒を見てくれていたので、叔母亡きあとはその家に使ってもらうことにしたようだ。

さぞかし面倒だったことだろう。それも一段落して、東京の家も処分して老人マンションに入った。

病院つきの施設で、日頃は自由に生活し、具合が悪くなったら病院に移ることも出来る。叔母の部屋は２ＬＤＫ。十階なので見晴らしもいい。

食事も他の設備も完備しているが、仕事をしてきた人だけに、普通の世間話に入ることが出来ず、部屋で食事をすることも多かった。親しい人はスタッフに一人、入居者に一人。

なにしろしっかりした人なのである。

自分にも他人にも厳しい。私など何度叱られたことか。本が出ると送ったが、そのたびに的を射た批評をされ、地味でもライフワークに取り組めと言われて、私はぐうの音も出ない。編集者だったから、写真に写った私の着物の着方まで細かく注意される。

九十をすぎても頭ははっきり、政治や社会の批評もきちんとしていて、「まいったなぁ」と思っていた。

具合がよくないと聞いて、見舞いに行くと言っても、来なくていいと断られるので、電話でご機嫌うかがいをしていた。

昨年の夏になって食欲がなく、水しか飲めないと言っていたが、叔母の老人マンションの近くに住んで細かく気を配っていてくれた叔父の弟子から、実はガンも末期に近く、そんなに長くないかもしれないという電話が来た。

ガンだということは聞いていたが、電話では元気で、そんな状態とは思いもよらず、慌てて飛んでいった。

ベッドに横たわってはいたが、いつものように会話は冴えている。痛み止めを打ってはいるが、水気のものしか入らないと聞いていたわりには、見た目も衰えてはいなかった。

叔母は私に何か頼んだり、こうして欲しいと言ったことはほとんどないのに、叔父の弟子の夫妻を頼りにしていた。車でお花見や湘南の海、さらに上越の家までも連れていってもらっていた。

複雑な気持ちだった。どうして叔母は私に何かを頼んだり甘えてくれなかったのだろう。

「可愛くないんだから」と言うと電話でいつも笑っていたが、私が頼りなかったのか、仕事で忙しくしているからと気を遣ってくれたのか。彼女にとって一番身近な親類は私しかいなかったはずだが。血はつながってはいないが、私がその生き方を尊敬していた女性だけに淋しかった。

知的な家族ほど消滅する

私の母も同じだった。いつも私の身を案じ、「迷惑をかけたくない」というのが口癖だった。

父が亡くなってからは実家に一人暮らしで、私のマンションに来て「泊まっていけば」と言っても必ず帰っていった。唯一の親孝行は、毎日夜九時か十時に電話をして元気かどうか確めること。それだけは地方に行こうが、外国に行こうが続けた。

心臓も悪く高血圧で、最後は脳こうそくで意識がなくなってから一週間で亡くなった。

実にあっけなく、何をするひまもなかった。

「迷惑をかけたくない」、その言葉通りに、看病や介護をするひまもなかった。

だから私は身をもって介護の大変さを味わったことがないのだけれど、少なからず淋しさもある。

どうして私のまわりの人たちは、私に迷惑をかけたくないと言って、その通りにいなくなってしまうのだろう。

叔母だってもっと見舞いに行きたかった。無理を言って欲しかった。私が頼りにならなかったのかと自責の念もある。家族という役が私にはつとまらないのだろうか。

叔母は「死ぬのは九月だと思う」と言っていたが、急速に衰え、私が見舞って一週間ほどで八月十九日に亡くなった。附属の病院があるのだが、入院を拒否し、希望通り自分の部屋で。その老人マンションではじめてのケースだったという。スタッフの一人で叔母が気に入っていた女性がみとってくれた。彼女は、最後まで自立した女だった叔母の生き方を尊重してくれた。事細かに遺言が残されており、老人マンション近くの叔父の弟子夫妻や他の親しい弟子達、私とつれあいが集まって指示通り密葬にした。

葬式はスーパームーンと呼ばれる巨大な月が地球に近づいた日だった。見事なまでの光を放つ満月を見ながら、叔母はかぐや姫だったのではと、ふと思った。『竹取物語』では、帝の命によって警護についた武士達が強い月の光になすすべもなく立ち尽くす中、月に帰っていったかぐや姫。叔母も同様に、叔父が迎えに来たのかもしれない。

遺言にしたがって、淑徳大学の叔父の墓に分骨し、弟子の有志と一緒に、秋の終わり、上越の地に納骨した。叔父が植えた三十本の桜のある庭の片隅に累代の墓がある。

祖父の死後、農地解放をやりとげ、毎晩縄をなって得た金を町に寄附し、親のいない子供のための基金をつくった祖母の薫陶《くんとう》を受け、社会事業に尽くした叔父、その若い頃の教え子で自立した女として生きた叔母、私の敬愛する二人はもういない。

東に信越国境を見、はるか西に、妙高連山をいただく雪深い里でかつて栄えた二軒の家、「上《うえ》のうち」も「下《した》のうち」もこの代で終りである。「下のうち」は跡継ぎがなく、「上のうち」の老夫婦は長岡にいる息子の許へ引きとられていった。格《ごう》天井に見事な絵の描かれた仏間を持つ建物は解体され、木材として売られていった。

「この家も滅亡するのよ」と生前叔母が言ったことがある。それも自然のなりゆきなのだろう。日本の家族構造は変わりつつある。知的な家族ほどその傾向が強いのだ。

一番近くて遠い存在が家族

あるのが当たり前のもの、なくなってみなければわからぬもの、空気のような存在が家族である。私の「家族のことを知っているか」という素朴な問いに、「なぜそんなことを聞くのか？」という顔をする人は多かった。

しかし改めて家族が何を考えていたのか、あるいは考えているのかを問うてみると、すぐ答えられる人はほとんどいなかった。

考える必要がないのが家族であり、何でも許される空間で、今さら考えることは家族への冒瀆《ぼうとく》である。理屈を超越したところにこそ家族は存在すると信じているかのようだ。決して幸福な家族ばかりではない。不幸の種を背負っている人は、いやおうなく家族とは何かを考えざるを得ないだろうが。

家族を信じ切っているかに見える人を例にとって考えてみる。

私の仕事を手伝ってくれている女性、かつて私が世話になっていた事務所の一員で、事務所の閉鎖後は私のそばにいて、私が不得手とする事務処理や、仕事の手伝いをしてくれている四十代の女性だが、時々話題にのぼることから想像すると、実に家族の仲がいい。

熊本で整形外科医院を営む父親が亡くなって、現在は東京に住んでいる。実家の整理には時間がかかったようだが、医院はたたむことにして、墓も多摩に移した。

二人いる弟は医者で病院勤務だが、父親の跡は継がなかったらしい。

下の弟は、福岡にいて、上の弟が東京の母親の家の近くに住んでいる。私の家に来てくれている彼女は、パートナーと一緒に住んでいるが、事あるごとに母親の家に泊まりにゆく。電話で話しただけだが、明るくて社交的で前向きな人のようだ。家を建てるにあたって自分の思い通りに業者と交渉したというから、そうした手腕もあるのだろう。

彼女が母親のことを語ると愛情に満ちている。いかにわがままで翔《と》んでるかと言いながら、饒舌になる。「ああ母親のことが好きで、話したくて仕方ないんだナ」と微笑ましくもあり、素直な信頼が羨ましくもある。

弟二人も母親のことが好きらしく、正月や盆には母親の家に集まる。母親中心にまわっている、一般的な家族である。

その彼女に家族のことをどの程度知っているか聞いてみた。母親や弟達の性格や生活など、よく知っている。母親のことなどは自分のことのように、いや自分のことより知っているかのように詳しい。

ところが、何度目かの熊本の家の整理から帰って、私に言った。

「母のかわりに家の中を整理してみて、わかったことがあります。私は母のことを何も知らなかった……」

母親はちょうど私と同い年なので、物の考え方は想像がつく。敗戦時も、小学生で変化の波をいやおうなく受けざるを得なかったこともわかる。

彼女が整理を進めるうちに、細かい数字を書き込んだ何冊ものノートや領収書、病院で使ったらしい必要書類などが出てきた。

どの字も、母親の字に間違いはなく、整形外科医院の事務を見ていたことがわかった。

それまで、母親のことは地方の医院の恵まれた奥様ぐらいにしか思っていなかった。

地方で医者の奥さんは出かける場も多く、父の庇護の下に、思うがままに生きていたとしか思っていなかったのだ。

出てきた書類はそうした母親のイメージを崩すもので、夫の片腕となって医院を支えてきた仕事をする女としての側面を垣間見せてくれた。

彼女は、はじめて母親の別の面を発見し、改めて母親のことを何も知らなかったし、知ろうともしなかったことに気づかされたと言っていた。

個人病院は多かれ少なかれ、妻が支えている。都会の大病院と違って、経理など雑用は妻の上にふりかかってくる。近所の人々、年をとった人々の溜まり場になり、その人達の話し相手になることも求められる。

目に見えない地味な部分に娘である彼女は気づいていなかった。母親は気づかれぬよう、気を遣っていたのかもしれぬ。

同年代である私は、彼女の口から語られる母親像にそれまで少し違和感を持っていたが、今回その話を聞いて親しさを覚えた。

働く母親像を知ることによって彼女の母親への見方、接し方も変わってくるだろう。

「今までは何も知りませんでした。知ろうとも思いませんでした」

と彼女は言う。一番近しいはずの母親についても知らないことは多く、まして異性であり、整形外科医として地方の医療にたずさわり、自らも透析を受けながら最後にガンで亡くなるまで患者を見続けた父親の心の奥など知る由もなかったろう。二人の弟が父の跡を継がず、病院勤めを続ける理由など聞いてみたこともないに違いない。

父親の死後、母親を囲んで仲よく暮らしているように見える家族。もっとも結びつきが強く幸せそうな家族に外からは見えても、お互いのことを知っていたか、わかっていたかどうかは疑問だと思えてくる。

家族はもっとも近くて遠い存在なのかもしれない。

二人きりの家族

私達は二人暮らしである。私の父や母は二十年以上前に亡くなっているが、つれあいの母は百歳まで生きた。東日本大震災の一カ月後に亡くなった。三・一一の後、被災しなかった人も多く亡くなっているのはなぜだろうか。

多少記憶は薄れたものの、つれあいの母は百歳になっても、頭ははっきりしていた。足が不自由で車椅子だったので、三年くらい施設にいたが、月に一度は会いに行った。孝行息子のつれあいは一週間に一度は出かけて、机上の花を生け替えていた。介護士さんもその花をながめるのを楽しみにしていた。つれあいは十年ほど前から花に目覚め、わが家の花は彼が生ける。〝花長〟という和花を扱う店の御主人と仲良くなり、楽しんで我流で生けている。これがなかなかセンスがいい。私が言うのもなんだが、時々「へーえ」とうなるほどとり合わせがいい。花器はかつて私が好きで集めたものだが……。

つれあいは姉二人、妹一人の四人きょうだい。男子は一人である。

かつては、正月二日には必ずつれあいの実家を訪れていた。キッチンで働くのは義母と近くに住む義姉と料理好きのつれあい。私は、酒好きの義父とこたつの中で、酒を酌み交わしている。嫁の働く風景はなく、それでみな不思議に思わなかった。人それぞれ、家それぞれの流儀があってもいい。

料理が完成して膳に向かう。しばし団欒があった。

義父が亡くなり、義母が施設に入ってからも、正月二日には料理とおとそをたずさえ、施設の義母の個室でお祝いをした。

いまだに独立採算制のわが家では、自分で自分の物を買い、共同の出費はどんぶり勘定だが半々である。それぞれが得意の分野を受け持ち、きっちり計算などしないが、ペースは守られている。年をとって収入は増えはしないが、つれあいはテレビ局と大学勤めの年金があるし、私は時々本が売れて不規則だが思いがけぬ収入がある。つりあいがとれる限り、今の生活を続けるのが私達の暮らしである。

しかし、二人暮らしの中の心の交流はどうなっているのか。家族とは言うまでもなく、形ではなく心の触れ合い、相手を思いやる気持ちである。

日常の中で、それは忘れ去られているが、何かの折に顔を出す。

若い頃、つれあいは外国の特派員などをしていたため、別居が多かった。私は仕事に追われていて、一緒に外国へ行くことなど思いもせず、つれあいが中東特派員として三年弱ベイルートにいた時は、海外取材の帰りに私が立ち寄る程度だった。中東支局長といっても現地の秘書とメイド、運転手をのぞけば、支局員は本人のみ。中東戦争の後、ベイルートは内戦が起き、中東のパリと呼ばれた海辺の美しい町並みも破壊された。ベイルートにはJALをはじめ、大手都市銀行、商社などの支店・支社もあって中東と日本との交流拠点だったのだが、ほとんどの支店や支社はカイロなど他の地域に移りつつあった。

当時のベイルートは、新聞、テレビ、通信社などジャーナリズムの中心であり、日本赤軍もベイルートに潜伏し、パレスチナキャンプが所々にあった。私も何度か取材に出かけたが、国境を越えて毎日のように爆撃しに来るイスラエルの飛行機など理不尽な情況を肌で感じた。

内戦が激しさを増し、ほとんどの日本人がベイルートを引き揚げる中、ジャーナリストだけは残って情報を伝える。飛行場は封鎖、船も運航をとりやめ、一時つれあいと連絡がとれなくなった。勤務先のテレビ局に聞いても行方不明で、不安な日々が続いた。

やっとキプロスのニコシアに向かう船に乗り込んで避難出来たらしいという話が局から伝わり、滞在先のホテルの番号もわかった。

すぐ電話したがつながらない。何度目かにやっとつながった喜びといったらなかった。安堵感と同時に死をどこかで覚悟していただけに力が抜けた。

なぜ電話がつながらなかったのか。向こうも私に知らせねばと電話をしまくったので、話し中だったのだ。同時に電話をかけていたことになる。心が通じたと思った。一種の感動があった。家族として私とつれあいがつながることの出来た一瞬だったのかもしれない。

その後、カイロに支局を移し、私も滞在記を書くために、半年カイロに暮らすことになった。それが私達の家族としての土台をつくった時間だったのだろう。

つれあいがプロデューサー兼ディレクター、私はリポーター、フリーのカメラマンをやとって、何度か番組を作り日本に送って放映された。

その半年間は一般的な夫婦らしかったと呼べるかもしれない。

再び日本での日々が始まった。五十歳が定年といって、つれあいはテレビ局をやめた。独立してニュース番組専門のプロダクションを友人と一緒にやるということだった。

東西ドイツの壁が壊され、ルーマニアをはじめ独裁国家に大きな変化が訪れた。ソビエト連邦も崩壊し、冷戦の構図が崩れて、世界は大きな変わり目にあり国際ニュースには事欠かなかった。

各地を駆け巡り取材を続け、つれあいは相変わらず席の暖まる暇《いとま》もなかった。私は私で活字の仕事が増え、ノンフィクションなど長いものの取材に追いまくられていた。

一緒に食事することすらほとんどなかった。そんな中である年の暮れ、ぽっかり急に時間が出来、私とつれあいは知人のエージェントのすすめに従ってハワイのマウイ島へ五日間でかけることにした。全くハワイに興味などなかったが、急だったので年末のクリスマスシーズン、キャンセルのあったのは、そこしかなかった。

胃の調子が悪いとは言っていたのだが、つれあいはマウイのホテルに到着し、昼食に軽くビールなどを飲み、夕方まで休んだ。熱っぽいというので計ると四十度近い。フロントに医者を紹介してもらい、診察の結果はアペンディサイティス（虫垂炎）で腹膜炎を起こしているかもしれず、島唯一の病院に運ばれ即手術せねば命が危ないと言われた。

翌朝、私は手術室の厚い扉の前で手術が終わるのを待った。

途中出てきた看護師の話では、腸がぐちゃぐちゃで時間がかかるという。蒼白な顔で運ばれてきたつれあいは海の見える個室へ。その時点で私は深刻には考えなかった。ところが手術の跡が癒着《ゆちゃく》して何日もガスが出ず、再び開腹することになった。もともとやせているのが、急速に衰え、それから一カ月の入院となった。クリスマス、正月をはさんで知人もおらず、日本に帰ることも出来ず、私は途方にくれた。ある日、その病室に日本人の牧師が来てくれた。困っている人を定期的に見舞うのだが、心のこもった応待で、信頼して相談することが出来た。

私は仕事も休んでそばについていたが、ホテル暮らしの私を心配した牧師夫妻は、私を自宅にひきとって帰国まで世話をしてくれた。見ず知らずの私への心からの奉仕。教会に通う信徒の人々は毎日のように、花を持ってきて病室を飾り、病院食ではとれない、おかゆなどを運び、退院時にはお赤飯まで炊いて下さった。

なんとお礼を言っていいのか、どの人もそれまで一面識もなかったのだ。

帰国時に、ガーゼを替えなければならないつれあいの面倒を見るために、コダマという日本名を持つ日系二世の看護師長がつきそって日本まで来てくれた。多くの人々のおかげでつれあいは今も元気でいる。

そこで知ったのは、ボランティアの意味だ。日本人は知っている人には親切であるが知らない人には冷淡である。家族、親戚、知人とはこれ以上ないというほど結びつきを大切にするが、関係のない人には掌《てのひら》を返したよう。

欧米では違う。ハワイで知ったのは、困っている人がいたら、知らない人でも知人と同じかそれ以上に手をさしのべるということ。キリスト教の精神が根底にあるのか、ほんとうのボランティアが根づいていた。誰かにどこかで私もお返しせねばと思った。

帰国して三年くらいはつれあいはやせ細り無理の出来ぬ状態で、私は必要以上に世話やきになった。片方が病人でいる間は面倒を見るのが当然の義務だ。

何か事があったら相手を思いやり、助けることが出来るのが家族。ほんとうの家族とは、血のつながった家族を超えたところに存在する。

家族写真入りの年賀状は幸せの押し売り

このところ、訃報に接することが多い。知人のみならず、家族の死による年賀欠礼のハガキが毎年増え続ける。

年賀状を見ると、家族の状況がよくわかる。家族が増えた場合は、連名の名が多くなっているだけではなく、写真も人数が増えている。家族写真を撮ってそれを年賀状にしているからだ。結婚したという証拠の二人の写真。赤ちゃんが生まれたという子供中心のもの。さらに毎年いかに大きくなったかを知らせてくる。

私は、家族写真の年賀状があまり好きではない。善意であることは間違いないし、たくさんいただくので差し障りはあるのだが。

幸せの押し売りのように思えるからだ。家族が前面に出てきて、個人が見えない。感じられない。お互いの家族をもともと知っている場合は別として、私はよその家族を見たいと思っているわけではない。へそ曲がりといわれるかもしれないが、頼んでもいないのに子供の写真を見せられるのに似ている。

家族はそんなに誇らしいものだろうか。たまたま機会があって、紹介されるのはそれはそれでいいが、無断で入ってきて欲しくはない。

私はどちらかというとあまり知られたくない。そのせいかいまだに独身だと思われている場合が多い。仕事上は名前も元のままだし、聞かれなければ話さないので、知人の黒柳徹子さんも知らなかったらしい。

黒柳さんとは句会でずっと一緒なのだが、ある日一足先に帰った私の席に鍵が置き忘れられているのを見て、電話が来た。たまたまつれあいが出たら、「男が出たわよ」と他の人達に報告。彼女はてっきり私が独身だと思っていたらしい。もうかれこれ四十数年つれあいと暮らしているというのに。

『徹子の部屋』にゲストで私が出た時も真っ先にその話題だった。よほど意外だったのだろう。

家族に血のつながりは関係ない

私自身も知人・友人の家族で驚かされることがある。

同じマンションに住む脚本家の市川森一さんが亡くなった時だ。青山斎場で行われた葬儀で、妻である柴田（市川）美保子さんの隣に感じのいい若い女性が家族然として人々にあいさつをしていた。

確か市川さんのところは夫婦二人きりのはずだが……と思っていたら、後日、共に通っている近くのスポーツクラブで、柴田さんから「娘です」と紹介された。

亡くなる前に市川さんは親類の女性を養子にしていたのだった。二人暮らしで一人が亡くなったら、どんなに淋しく辛い思いをするだろうという思いから柴田さんとよく相談の上、養子にしてあったという。なんと心配りの行き届いたことか。

急に亡くなったので、しっかりはしていても柴田さんがどんなに淋しかろうと案じていたのでほっとした。そのことを考えての前々からの計画だったという。二人と一緒に食事をしたが、べたべたせず実にいい母娘関係である。

養子という制度は、昔から存在した。家を守るという名目もあって、長男以外は養子として子供のいない親類などの跡を継ぐこともあった。

父の弟である私の叔父も親類を継いでいる。わが家も明治の祖父の代に夫婦養子で下重になったという。

かつてのように家を継ぐというより、気の合う者同士が養子縁組をするのがいい。血のつながった親子でなくともお互いの気持ちが通じれば、それで十分だ。

欧米では、血のつながらない子を養子に迎える例は多い。私が英語を習っていたアメリカ人女性も自分の子が二人いるのに、アフリカから二人、アジアから一人養子を迎えて、育てている。

なぜ日本人は血のつながりにこだわるのか。

親も子もその束縛から自由になれずにいるケースが多い。もっとおおらかに考えて、こだわりを捨てられないのだろうか。そうすれば、家族絡みの事件やいざこざなどはある程度解決出来るはずである。

昨年、高倉健さんが亡くなった。ずっと独り身（江利チエミさんと離婚後）だと思われてきたのに、養子がいたというので週刊誌は大さわぎである。

私生活を人に見せず、謎に包まれていて、それが健さんを神格化していたが、話を聞いて私は「よかった」とほっとした。

健さんのすぐ傍に心の通じる人がいたことは救いである。

有名人の場合は、こうした養子の形をとるケースが多い。

例えば、岡本太郎氏。生前、青山のお宅へインタビューに伺ったことがあるが、入口にもう一人の岡本太郎像があり、「芸術は爆発だ！」と言って同じポーズで迎えて下さった。

その時、太郎氏の秘書の女性が至れり尽くせりの応待をして下さったが、後に太郎氏の養子という形で籍に入った。

高峰秀子さんは女優としてもすばらしかったが、私は随筆家として大好きであり、暮らしの姿勢にも学ぶものがあった。映画監督の松山善三夫人でもあった。彼女の文才を世に出したのは、高峰さんを敬愛する女性の編集者がいたからである。

高峰さんの生前に松山家の養子になり、今も高峰さんの暮らしぶりを雑誌に連載している。高峰秀子という個と、その編集者との個のつながりが家族という形をとったのである。

こうしたケースはどんどん増えてくるであろう。一番よく理解出来る者同士が家族になる。

先日、テレビで石原裕次郎の仕事への情熱と闘病について夫人の北原三枝さんが、語っていた。冷静にしかし愛情込めた話しぶりは、生前の裕ちゃんに語りかけるように自然であった。

その中で気になった言葉があった。「石原家には子供がいないので、裕次郎さんは家族ぐるみのつき合いのある家の子供をほんとうに可愛がった」という。心から打ち解けることの出来た数少ない一軒が京都の割烹旅館「川太郎」、先日偶然、京都でそこの女将《おかみ》さんから話を聞くことが出来た。

裕次郎さんは、そこでは、家同様にくつろいでいたという。

もう一軒が福井のあわら温泉の老舗旅館「べにや」である。

病気になってからも療養をかねた隠れ家であり、一家とは信頼で結ばれていたという。

当時子供だった子が今は社長であり、昔の話をなつかしげに語っていた。

裕次郎さんは、「川太郎」という家族と、「べにや」という家族を持っていた。血のつながりはなくとも、心がしっかりと結ばれた家族を持っていたから、裕次郎さんは心の安定を保つことが出来たのだろう。

石原軍団のつながりは今も強い。

北原三枝という最愛の女性を妻としながらも、やはり「家族が欲しかったのでしょう」と北原さんは淡々と言う。

裕次郎さんの欲していたものは何なのか。自分を理解し、俳優石原裕次郎でなく、ありのままの自分を安心してさらけ出すことの出来る場所だったのだろう。

その安心とは何なのだろう。何も言わないでもわかる、自分の味方になってくれる人がいる場所。自分が自分でいられる場所。それは人間同士の理解と信頼の上にしか成り立たない。

根底には、愛情がある。黙って自分を愛してくれる者が存在しない家族は、家族とは呼べない。

そしてもう一つ、最近私がつくづく思うことがある。それは愛されると同時に、愛する対象が必要だということ。

「子供が成長して膝がさみしい」と言った知人の評論家の言葉がよくわかる。私も最近、愛する者が欲しいと思うようになった。犬や猫をわが子同然かそれ以上に可愛がるのも同じなのである。世の夫婦の会話の中心が今やペットという事実はそのことを物語っている。

第四章　旅立った家族に手紙を書くということ

家族を知ることは自分を知ること

あらん限りの想像力を駆使して、私は自分の家族をつなぎとめようとした。父を、母を、兄を……。しかしすでにこの世にいない人について確かめることはむずかしい。もしそれが可能だったとしても、言葉を交わし、疑問を質して、どのくらいわかることが出来ただろうか。人の心を理解することなど誰にも出来ない。自分自身の心をすらつかまえることが出来ないで、人の心を理解しようとするなどおこがましい。

ある時点で、私は諦めた。家族だから何も言わずともわかり合える……、表面的にはそうであっても、深い心の奥は計り知れない。わかっているという錯覚が邪魔をして、他人を見る時の目より正確さを失っているかもしれない。

プルーストの『失われた時を求めて』になぞらえれば、「失われた家族を求めて」。私は何をすればいいのか。色々な手段を考えたが、今私がやれることは、死んでしまった家族に手紙を書くことだと気づいた。

ふだん家族に手紙を書くことは少ない。照れくさいし、いったい何を書いていいのか困ってしまう。結婚式や誕生日に父親や母親への感謝の手紙など紹介されることがあるが、どうしてもきれいごとで演出過剰になり、本心とは程遠いものになってしまう。それでなくとも手紙を書くことが嫌いな人間としては、家族に手紙を書こうなどとは思い至らない。

その家族は現実世界から失われてしまい、小さな仏壇の中に位牌になって鎮座している。父や母についてはそれを見れば命日もわかる。しかし兄に関しては、新しい家族のもとにあって私の所にはよすがすらない。

失われた糸をたぐって私は手紙を書かなければいけないのだ。

今なら赤裸々に問いかけることが出来るかもしれない。そう思って雑誌「MOKU」(MOKU出版株式会社)に連載していた「父への手紙」「母への手紙」「兄への手紙」の中から何通かをここに紹介させていただくことにした。

そして最後に「私への手紙」を一通。結局私は父や母や兄を知りたくて手紙を書いたのではなくて、私自身を知りたかったのだということを悟った。家族を知ることは自分自身を知ることだったのである。そして自分がこの世のどこに位置しているのかを確かめるためでもあったのである。

父への手紙――冬の雷

闇の中に、赤子の私は横たわっていました。手をのばしても誰もいない。声を出しても聞こえない。闇が裂け、光が走る。天地が逆になるような轟く音響……、成長してから雷や稲妻と呼ばれるものだと知りました。

私の生まれた栃木県の宇都宮は、雷の名所です。恐怖の体験は、幼な児の記憶にも残っているはずです。私が生まれたのは昭和十一年五月二十九日、あの大事件が起きたのは二月二十六日。その間三カ月の差があります。

昭和十一年二月二十六日、二・二六事件の当日、事件を知ったあなたは、軍服に身を固め、正座をして母に挨拶をし、「しばらく帰れぬかも知れぬ」と言って出ていったそうですね。雪の日でした。ついに青年将校が昭和維新に立ち上がったのです。野中四郎大尉は陸軍士官学校の同期生でした。皇道派と統制派の同期生辻政信等の間にあって、あなたは中道派と目されていました。思いは野中大尉等にあっても宇都宮の十四師団に転勤になったばかりで、情報は詳しく伝わらなかったのでしょう。

「止めてくる」と母には軍刀を握りしめながら言ったということですから、真実の気持ちがどこにあったのか私にはわかりません。

気は逸るものの、察知した上司に止められて上京することはかないませんでした。

「なぜ、行かなかったの」

大きくなってから、何度か問いかけようとしてやめました。

私は行くべきだと思ったのです。自分の意志に従ってなぜ行動しなかったのか。振り切ってでも行くべきだと思いました。もし上京していたら皇道派の将校達にとりこまれて帰れなかったかもしれず、参加者の一人として処刑されたかもしれません。私は、逆臣の子として生まれ、苦しみのどん底に落とされたでしょう。それでもあなたの志を誇りに出来たはずです。

生まれたばかりの私を懐に入れ、軍道の桜並木を歩いたという優しいあなたの想い出より、血塗られた強い意志に貫かれた姿を私は欲していたのです。あなたへの私の長い反抗は、無意識のうちにそこから始まったのではないかと思うのです。

父への手紙─公職追放

小学校で同級生だった在日朝鮮人のグループは、私をつけ狙いました。登校時も下校時も近所の男の子が、数人で私をガードしてくれ、それは私が私立の中学に列車通学するまで続きました。

なぜなのか、どうして私が標的になるのかが私にはわかりませんでした。体が弱いせいで学校でもおとなしく、学級委員をやっていても人に対して威張ることなどなかったはずなのに。納得出来ませんでした。

心配した母は、家まで押しかけてきた同級生に面と向かって理由をたずねました。中学に通う私のことがよほど気にかかっていたのでしょう。その結果わかったのは、あなたのことです。軍人であることが原因だったのです。

戦前から戦中にかけて、軍の命令で朝鮮半島から日本へ強制連行された人達がいました。彼女の一家もそうだったのかもしれません。

大学生になってその意味をはっきり把握した私は、申し訳なく思いました。あなたが直接かかわったことではなくとも、日本陸軍の行為に違いはありません。そのために起きた民族の悲劇、あなたのかわりにその娘である私に向かってきたとしても当然かもしれません。

母は、彼女達と話し合い、詫びるべきは詫び、私に非はないことを説明してくれました。その日からぱったり私へのいやがらせは無くなりました。

この時ほど私は軍人の娘ということを意識したことはありません。同時にあなたへの批判を強めていきました。

日本が戦争に負けたら自分も生きてはいられないといっていたあなたが、敗戦後も死を選ばないのが私には不思議でした。「辱めを受けて生きるより、誇りを守って死ね」という教育を受けていたからです。

その後、あなたは大阪財務局の重要な地位につくことが出来ました。今でいう「天下り」でしょう。やがて東京裁判が始まりA級戦犯の戦争責任が明らかになるにつれ、軍の中枢部にいた人の責任も問われ、あなたも「公職追放」になりました。わが家の悪夢のはじまりでした。

父への手紙―形見

ある日、学校からもどると、座敷の畳一面に、異様に光るものが並んでいました。銀色の三角の形をした掌にのる位の大きさで、縦横何列にもわたっています。

「なにこれ?」

目を丸くする私に、母は、雀おどしのための物体で、知人から持ち込まれたものを農家に売るのだと答えました。

公職追放になったあなたは、武士の商法で何をやってもうまくいかず、馴れぬことにも手を出していたのでしょう。

一日中書斎にこもりっぱなしのこともあり、のぞこうとしたらひどく叱られました。机の上に和紙の巻紙があり、何かが描かれて、先端が机から垂れ下がっていました。知人の絵描きさんから持ち込まれた模写の仕事だったのでしょう。あなたは戦争中食べられない画家の面倒を見たり、絵も時々買っていました。その恩義を感じて、経済的に苦しいわが家に手をさしのべてくれたのです。

売れっ子になっていたM氏は、私が上の学校に入る手助けもしてくれました。外国人の血が混じっているのではと思える茶色い髪と独特の喋り方から、私はM氏のことを「スパイ」と渾名《あだな》していました。

あなたが何を描いていたのかがわかる日が来ました。母も亡くなり、実家の整理をしていた時、黒い大きなビニール袋を見つけました。中を開けて思わず顔を赤らめました。男女の交合を描いた危絵《あぶなえ》。

どうしたらいいのか考えました。捨てるのは簡単です。でもそれはあなたの形見、戦後の苦しかった時代、好きな絵筆を生かして生活のために心に染まないものを描いて金にしなければならなかった、悲しさが私にもひしひしと伝わってきました。

私は、黒いビニール袋をそのまま広尾のマンションに持ち帰り、誰にも見つけられぬように納戸の奥に隠しました。

納戸の整理を始めたつれあいが、「この袋は何？」ときいたので、慌てて私は、その袋を地下のゴミ捨場に運びました。

全てを捨てるにしのびなく、二、三枚を自分の部屋に持ち帰りました。大切なあなたの形見なのですから。

父への手紙—男のけんか

男のどなり合う声が聞こえます。

兄とあなたに間違いありません。座敷に相対する姿がありました。あなたは作務衣《さむえ》のようなものを着て、兄は、中学校の制服の白シャツに黒ズボンでした。

最初は座卓をはさんでの口論だったはずですが、私が目にした時は、それがしりぞけられ、座敷の中央に位置していました。

どちらの手が先に出たのかは定かではありません。多分いら立っていたあなたの方からでしょう。

「許せん！」と言って膝に置いた手がふるえていましたから。あなたには戦場でのけががもとで、興奮すると手足がふるえる神経の病がありました。公職追放から何もかもうまくゆかぬ状態の中でどなることも増えていました。

兄は中学生のまさに反抗期で、あなたへの批判を口に出すようになっていました。直接の原因が何だったのかはわかりません。あなた達は仁王立ちになり、取っ組み合いになりました。

兄は「殺してやる！」と言い、あなたは「やってみろ」と答えました。母は「やめてちょうだい」とおろおろと二人のまわりをめぐっていましたが、殺気を感じたのか二人の間に割って入りました。

「おまえは邪魔をするな」とあなたは母の頬を平手打ちにし、母は倒れながらも、兄のシャツをしっかり握って、「お願いだから逃げてちょうだい」と言いました。

その時のあなたの殴打で、母の右の鼓膜が破れたのです。

そばに刃物や棒などの凶器がなかったのが幸いでした。あなた達はその瞬間ほんとに憎み合っていました。

時々、親子の間で事件が起こりますが、いつどこで起こっても不思議ではないと思えます。

座敷の隅に正座して私は黙って見ていました。

間もなく兄は、私達の許を去り、東京の祖父母の許に預けられました。

座敷に続く坪庭一面に、雪の下とどくだみがはびこっていました。

父への手紙―落ちた偶像

兄の反抗は、私にもうつっていました。兄が東京へ去ってから、私はあからさまに、あなたへの態度を変えました。ほとんど口をきかなくなり、顔を合わせるのを極力避けるようになったのです。

食事を共にすることもなくなりました。顔をつき合わせていれば、必ず口論になりました。

「武士は食わねど高楊枝」というではありませんか。公職追放になっても、あなたには毅《き》然《ぜん》としていて欲しかったのです。あなたの神経は細かすぎました。抑えようとしても、あなたの感情は理性よりも先に、突出《とっしゅつ》してしまうのでした。「落ちた偶像」を目前にすることはしのびなく、私は顔を合わせることを避けたのです。

学校からの帰り道、遠くから不自由な足を引きずってくるあなたの姿を目にするなり、四つ角を曲がってしまったこともありました。

心ない娘とは思うものの、あなたにはいつもぶれずにいて欲しかった。戦後の苦しい状況の中で毅然としたあなたの姿だけが頼りだった……。しかしあなたの心は優しく傷つきやすく弱い。そんな姿が許せなかったのです。

戦後の暮らしも落ち着きをとりもどす中で、私はあなたの小さな変化を見逃しませんでした。

敗戦後間もなく、戦争に対しての責任を口にしていたのに、少しずつ言動が元にもどり、軍人時代のつき合いも復活しているようでした。

私にはそれもまた許せなかったのです。反省したはずのものが、息を吹きかえし、あれはいったい何だったのか。

世の中も戦後の混乱が収まるにつけ、公職追放だった政治家が返り咲いたり、なしくずしに元にもどりつつありました。

あなたにも自衛隊の幹部への話が舞い込みましたが「二度とそれだけはいやだ」と断った点は認めます。仲のいい同期生はすでに赴任していましたから。

あなたと顔を合わせるのがいやで、中学を卒業すると私は大手前高校に通うため、家を離れ知り合いの家に寄宿したのです。

父への手紙―家庭崩壊

兄は東京の祖父母のもとに去り、私は、大阪府庁の裏にあった、かつての偕行社の社宅の一軒に大手前高校に行くために寄留しました。柏原《かしわら》の官舎には、あなた達夫婦だけがとり残されました。

柏原から列車通学していた樟蔭女子中学校はいわゆるお嬢さん学校で、高校になると月、雪、花という名のクラス、大学は黒紋付に緑の袴とまるで宝塚のようでした。新制中学は出来たばかり。私立を受験して入ったのはいいのですが、経済的にもたいへんで、女ばかりというのも私には合いません。担任の先生は大手前高校から京都大学を出た才媛で私ともう一人の友人を呼んで、大手前を受験するようにと、課外授業までして下さいました。

「女もこれからは、自分で生きていかなければいけないのよ。そのための力を蓄えて」

小学校三年で敗戦を迎え、大人達のうろたえぶりと価値の転換についていけない惨めさを見ていた私は、一生自分で自分を養っていくと、心に誓っていました。その先生は、私のその後の人生の撰択に大きな影響を与えてくれました。

私が大学に入ってまもなく、東京の公立高校に転職した先生は、同僚の男性との恋愛が原因で、自殺され、あんなに私に自立を説かれたのに「なぜ？」の思いが残りましたが。

　私の疑問と攻撃の対象は、あなたから母へ向かっていきました。

「軍人は嫌いだけど、絵をかく人だというので、結婚する気になったのよ」

　と言っていたのに、軍人の妻としての務めを完ぺきにこなし、あなたを助け続けたそのけなげな態度がいやだったのです。母は度胸のいい人で、今の世なら十分に自立の条件を備えていました。

「あなたの生き方は間違ってる！」実家にもどり、あなたに向き合うと意見の相違が如実になる私は、糾弾しました。私に賛同するようなことを言いながら、再び軍国主義的な考えにもどりつつあるあなたと暮らすまやかし……。

　当時の私には男女の機微などわかりませんでした。耐えきれなくなると、母はしばらく家を出て歩き回ったようです。仲の良かった兄妹も、親子関係も崩れ、その原因は全てあなたにあると私は思い込んでいました。

父への手紙―主治医からの手紙

少しの間、静かな日々が続きました。あなたは、従兄が院長である病院の経営の手伝いをすることになり、兄は転勤で博多に去り、私も早稲田大学を卒業して、NHKのアナウンサーになり、名古屋に転勤しました。距離を置くことで、あなたとの確執も少なくなっていきました。

そんな折、母からの手紙であなたの入院を知りました。若い頃かかった肺結核が老人になって再発し、清瀬にある、結核療養所に入ることになったのです。

外を出歩いてデッサンすることも出来ず、少し前から始めていた俳句をベッドに横たわったまま、作るのが楽しみの日々でしたね。

紅絹掛けし衣桁の陰や嫁が君
石蕗《つわぶき》の夕日の色を重ねたる

どの句も色彩があり目に見える景色があります。句に添えた俳画も見事なものでした。

老いの身を横たえながら、あなたは自分の人生をどう想っていたのでしょうか。

今私も俳句を嗜《たしな》む身となってはじめて、あなたの句の瑞々しい感性と、目に浮かぶ光景が正直に「好きだ」と言えるようになりました。

名古屋で二年を過ごし、東京に転勤になった私は、忙しさの頂点にいました。テレビの興隆期で、朝から晩まで、番組に追いまわされて自分の時間はありませんでした。

そんな時です。あなたの主治医からＮＨＫの私あてに手紙をもらったのは……。

部厚い封書の中身は、私を非難するものでした。

「あなたは、テレビの中でいつも優し気に微笑んでいる。たくさんの人々があなたの笑顔にだまされているが、なんと冷たい女なのだ。結核病棟に老いの身を横たえている父親を一度も見舞いに来たこともないではないか」

私は主治医からの手紙を無視しました。返事もせず、行動も起こしませんでした。私は怒っていました。

「父娘の確執など第三者のあなたにわかるはずはない。世の中の常識で物を言って欲しくない」

忘れかけていたあなたへの屈折した気持ちを思い出し、お節介な医師のいる病院へ行くことをますます拒否したのです。

父への手紙―急変

私が病院にあなたを見舞ったのは、亡くなる直前でした。容態が急変したとの知らせを受け、母と一緒に駆けつけました。あなたは、前の日に受けた胸にたまった水をぬく治療のあとで、具合いが悪くなったようでした。

手術をした胸に、カビが生えるという病気だと母から説明を受けていましたが、病気や病状について、私は詳しく知りませんでした。療養所で急変するなど考えたこともありません。あなたが生きていればこその反抗でした。

ベッドの枕元に、新聞に大きく出た私の写真とインタビュー記事が貼ってありました。病の床でも、私を気づかってくれるあなたの優しさが伝わってきました。

私にはあなたのその優しさが辛かったのです。神経が細やかで、感情の起伏が激しく、芸術家肌のあなたに、最も不似合いなのが、軍人という職業でした。

絵かきへの思いを胸に秘め、陸軍の幼年学校から士官学校へと職業軍人としての道を歩み、意に反して自分を躾けていった姿が痛ましく、敗戦後は、公職追放になり、敗残の身をさらさざるを得なかったあなたを見ているのが私にはこの上なく辛く、許せないものに思えました。

空威張《からいば》りでもいいから、毅然としていて欲しかった……。幼い日迎えの馬にマントをひるがえして乗っていったりりしい姿が、私の脳裡《のうり》に刻み込まれています。私にとってはじめての身近で格好いい男性でもありました。それがことごとく打ち砕かれていくことが耐えがたかったのです。

戦後、日本が落ち着いてくるにつれ、絵を愛するあなたではなく、教育を受けた軍人の頃の価値観にもどっていく姿を黙って見ているわけにはいきませんでした。

心優しく、ふるえるような細やかな神経が時折り顔を出すのを私は見て見ぬふりをしました。

私が目をそむけていたかったのは、あなたのそうした優しさであり、その素地を受けついでいる私自身への嫌悪でもありました。

清瀬の結核療養所に夕暮れが近付いていました。昭和五十四年四月十一日——あなたが息を引きとった日、色褪せた白い桜が闇に浮いていました。

母への手紙―文通

手紙は、ほとんどが、透けるほど薄い海外用の便箋に書かれていました。二、三枚のこともあれば、十枚近いものもありました。

「只今、あなたからの六号のお便り、いただきました」

などとあるところを見ると、おたがいに番号をつけて送っていたのでしょうか。それほど度々、手紙は父とあなたの間を往復し、それでも足りないほど、手紙を待ちこがれているあなたがいます。少し間があくと、

「どうしてお手紙を下さいませんの。淋しくて、郵便屋さんが去ったあとも何度も郵便受けを確かめました。お風邪などひいていらっしゃらないかと案じています」

体を案じ、手紙を待ちこがれる女心が素直に書かれています。

読み進むにつれて驚かされています。それは私の知るあなたの姿となかなか一致しないからです。

度胸がよく、人に尽くすことが好きなあなたではなく、奔放とまでいえる情熱に身をまかせて、思うままを書きつづる姿は、母ではなく、一人の女としての心情に身をまかせて

います。

あの頃、電話や電報もよほどのことでなければ使えず、メールなど電子機器がない中で、離れ離れの男女の気持ちをつなぐものは手紙でした。その大切な手紙に、自分の気持ちを全てぶつけるのは当然のことでしょう。

新潟の高田（現上越市）と旅順は船便のはず。どの位の時間がかかったのでしょうか。それにしても違和感がありました。私は、手紙を書くことが自己演出めいてあまり好きではなく、あなたのように率直に思いを伝えることが苦手です。

あなたが生まれ育った風土の影響もあるのでしょう。冬は毎日灰色のものが限りなく降りてくる豪雪地帯。三、四メートル積もった中で二階からの出入りを余儀なくされ、感じやすい少女だったあなたの中にはうっ屈したものが澱《おり》のように溜まっていたとしても不思議はありません。

そこから抜け出す唯一の方法は父との結婚……そこへ向かって一気に噴き出していったと想像出来るのです。

母への手紙—母性

女性には、生まれながらにして母性が備わっているものなのか、子供が生まれてはじめて気付くものなのか、私にはわかりません。

理性で判断せねばならぬものも、母という感性の中でうやむやになってしまうのではないか。私は産む自信がなかったので、つれあいの同意も得て、子供をつくりませんでした。意識的につくらなかったのです。

あなたが私にそそぐ有形無形の愛情が負担に思えたことも一因です。

父との文通の中であなたは言っています。父の連れ子（私の兄）との生活を愛に溢《あふ》れたものにするためにも、自分の子供を産んで育ててみることが大事だと。あなたには自信があったのですネ。何の分けへだてもなく育てて一人前にしてみせると決断していました。

当時三歳だった兄のことが、しばしば二人の手紙の中で話題になりました。前妻と別れてから父方の祖父母のもとで育てられていた「坊や」がお正月に淋しくないか、端午《たんご》の節句に兜《かぶと》や新しい着物を着せてあげたいなどと気づかい、「この腕に早く坊やを抱きしめたい」「どんなに坊やが喜ぶでしょう」などと書かれているのを見ると、あなた特有の楽観とおおらかさで、まだ見ぬ坊やへの思いをうかがい知ることができます。

私はそれを見て不安になります。なぜ自信が持てるのか。私なら自分さえ愛情を持って接すれば全てがうまくいくという考えはとうてい持てないからです。そう思うことは一種のおごりですらあるような気がします。

あなたの実家は、浄土真宗の立派な仏間のある家で、祖母は熱心な信者でした。仏の教えを実践し、晩年一人暮らしの中で見仏（仏を見ること）の体験すらある人でした。そうした母の影響もあり、仏教を信ずることで、不安な思いを、打ち消していたのかもしれませんね。

自信を持って、先妻の子を引き受け、なおかつ自分の子を産むという道を選択します。この件については父は押され気味で、あなたに望まれるまま波風立たぬよう努めています。それは一見うまくいったように見えました。少なくとも兄が成人してあなたとの関係を知るまでは……。

母への手紙—反抗

父の官舎のあった大阪府の柏原を憶えていますか。先日、私の通った柏原小学校の裏門を出た角にあった吉本医院の同級生吉本さんが、上京したからと訪ねてきました。私の数少ない友人です。話の中で先生や友人・知人の名が出てきてもほとんどわかりませんでした。毎朝わが家に牛乳配達に来ていて、ギリシャ彫刻のような整った横顔をこっそり二階の窓から見るのが楽しみだった青年のこと以外は。

彼は『初恋談義』というテレビ番組に登場して、私の家に来て贈物を届けたことがあると言いましたが、私は知りません。私に告げずにあなたが処理してしまったのでしょう。教育上よくないと思ったことなど、私に知らされなかったことは多々あったはずです。必要なものは買ってもらえましたが、お小遣いは一銭もなく、紙芝居が来ても見られず、お祭りで綿あめを買ったこともありません。

転勤族だったために親しい友達も出来ず、大きくなっても私の渾名は「転校生」でした。あなたにはあなたの教育方針があったのでしょう。自信に溢れていただけに、兄も私もそれをきゅうくつに感じていました。

私の不満のはけ口はあなたに向かいました。父に面と向かって言ってはけんかになることをあなたにぶつけ、落ちた偶像になった父と共に暮らしているあなたを許せませんでした。「あなたの生き方は間違ってる!」。妻として男に尽くす生き方を選んだあなたが私には理解出来ず、自分で生きてみせる、そのために自分で一生食べていくと決心していました。あなたは一方で私の考え方をわかっていながら、私が学校を出たあと、あなたの認める家柄の人と結婚することを望んでいるのが垣間見えました。そうした表面的に安穏な生活こそ私が一番憎むものであり、戦後の軍人家庭という過酷な環境を経験して自立しようとする芽を摘むものでした。

ことごとく、あなた達にたてつき、大和川《やまとがわ》の土手に行き、彼方の二上山《にじようさん》や生駒《いこま》連峰をながめている時だけが私らしかったのです。新しい生き方を頭では理解しても、あなたの育った恵まれた環境や常識的な価値観から抜け出ることが出来なかったのですネ。柏原はそんな戦後がつまった、忘れてしまいたい場所でした。

兄への手紙―すい臓ガン

あなたに手紙を書くのは多分はじめてだと思います。あなたの生前にも一度も書いたことはなく、こうして死後手紙を書くことになろうとは思ってもみませんでした。

あなたが膵臓ガンで亡くなったのは十一年前、たった一年間の闘病でした。義姉から聞いた話では、亡くなる一週間前に夫婦二人で温泉に行き、そこで急変して病院に運ばれたのでしたね。

私のところへ連絡が来たのは、亡くなってからでした。知ったのは、つれあいからの電話。その日私は泊まりがけで地方の講演会に出かけており、仕事が終わり次第、あなたの家のある成城に駆けつけました。つれあいはすでに到着しており、ベランダにあなたが丹精していたという花々の鉢が並んでいました。

急変してからも、あまり苦しまなかったとのことで少し安堵しました。それにしても私は一度も見舞いに行かなかった。……父の時もあなたの時も私は一度も行っていない……。父の時は意識的に行かなかったのですが、あなたが病気であることは知らなかったのです。誰も教えてはくれなかった。……あなたの奥さんも子供達も。それ位、疎遠だったということです。あなたは私にとってはたった一人のきょうだい。もともと仲が悪かったわけでもないのに、どうしてそうなってしまったのか、きょうだいであっても成人すれば個人が優先し、まして新しい家族が出来れば、徐々につき合いが減るのは当たり前どころか、お互いに憎み合う家族もあることを考えれば、私達のケースは特別のことではないでしょう。けれど病気になっても連絡もし合わないきょうだいとは……。

こんなに早く逝ってしまうとわかっていたら、一度あなたとじっくり話し合うべきだった。誤解のままに別れてしまったことは残念です。それを解くために今になって私はこうして手紙を書き始めたのです。

あなたは文部省の役人としての勤めを終え、ある大学の事務局長に天下りしていました。現役をやめたばかりだったので、葬儀は大学側で準備してくれました。

次々に訪れる弔問客をながめ、家族席でその人々に頭を下げながら、あなたの一生を考えました。糖尿病からすい臓ガンになり、気づいた時には手のほどこしようもなかったというあなたの一生を。

兄への手紙──絡んだ糸

人の心というものは、どこですれちがってしまうのか……。大学受験のため戸籍をとりに行ってはじめて生みの母ではないと知ってからも「あなたしか僕の母はいません」と育ての親の母をあんなに感激させた手紙を書いたあなたと母の間には、徐々に溝が広がっていきました。東京と大阪とに別れて暮らしていたことが遠因であり、直接的には第三者の介入が大きかったようです。それはあなたの身柄を引きとった祖母でした。

母のことをあることないことあなたに吹き込んだようです。彼女にしたら、手塩にかけて三歳まで育てたあなたをとられたような気がしていたのでしょう。嫁と姑の争いを越えていました。ひょっとしたら、あなたの生みの母も耐えかねて、実家に戻ったのかもしれませんネ。

祖母は誇り高く、しっかり者で、九十四歳で亡くなるまで、謡の弟子もいて、経済的にも自立でき、「あなた方の世話にはなりません」と宣言していました。あなたには優しくとも私は打ちとけないものを感じていました。早稲田大学を卒業して文部省に入ったあなたの結婚相手も、謡の弟子の世話で、祖母が紹介したのがきっかけでしたネ。

私が高校を卒業し、早稲田に入ったのを機会に、東京に一緒に住むことになりましたが、もっと早く母との暮らしが恢復していたら、溝はできなかったかもしれません。

結婚相手が成城に住む一人っ子の養女だったので、あなたもそこに移り住み、男女二人の子も生まれました。

母はその都度、心をこめて祝いの品を贈っていましたが、一度絡んだ糸は、おいそれとほぐれることはありませんでした。私が結婚の報告をした時は、九州大学に赴任中で、香蘭社の紅茶セットを贈ってくれましたネ。

何かの折に、あなたが生みの親のいる甲府を訪ねたこと。彼女は、武田信玄の家来にあたる家柄の大学を出た才女で、再婚して子供がいることまでわかったと私に話してくれましたネ。ただすでに亡くなって会えなかったと残念そうでした。消息を知ることが出来、私に報告する時は誇らしげで、「よかったわネ」と心から私も言ったのでした。

酒と旅を愛したあなたともう一度、ゆっくり話したかった……。

私への手紙―最後は一人

父は三十五年前に亡くなりました。母も十年後に後を追い、兄もあっという間に病死しました。私のまわりには近しい肉親がいなくなりました。夏に叔父のつれあいだった叔母の密葬と納骨をしました。

家族と呼べるのは、つれあいだけになりました。

一人少なくなるにつれ、だんだん風通しがよくなっていきました。同性である母がいなくなって、目の前の屏風《びょうぶ》がとり払われ、先が見通せるようになり、次は私という覚悟をいやでも持たされました。

「お子さんがいらっしゃらなくてお淋しいですね」という人がいますが、今あるものがなくなったら淋しいでしょうが、最初からなかったものへの感情はありません。

なぜ私は、家族を自分から拒絶しようとしたのか。家族というよけては通れぬものの中にある哀しみに気付いてしまったからに違いありません。身を寄せ合ってお互いを保護し、甘やかな感情に浸ることでなぐさめを見出すことのごまかしを、見て見ぬふりが出来なかったからです。

子供を産んで、母とそっくりに愛情に引きずりまわされる自分を見たくなかったのでしょう。

ごく自然な営みの中で親になり、それが人間としての成長だという人もいますが、私は成長などしたくはなかったのでしょう。

連綿として続いていく自然界のつながり、春になると冬枯れの地の中から続々と芽吹いてくるもの、冬の間も待っている多くの命があるのです。その果てしなく続く連鎖が気味悪くも思え、私は私でいたかったに違いありません。

しかし私一人が抵抗出来るわけもなく、大きな流れに押し流されざるを得ないと考えると、一本のわらにもすがっていたい……。

つれあいという家族がいなくなったら……私はその時のために、一人でいることに馴れようと準備を始めています。私がこの世に生を得て、長い長い暗い道を一人歩いてきた時のように、最後は一人なのだと自分に言いきかせているのです。

著者略歴

下重暁子
しもじゅうあきこ

早稲田大学教育学部国語国文学科卒業後、NHKに入局。女性トップアナウンサーとして活躍後、フリーとなる。民放キャスターを経て、文筆活動に入る。

ジャンルはエッセイ、評論、ノンフィクション、小説と多岐にわたる。

財団法人JKA(旧・日本自転車振興会)会長等を歴任。

現在、日本ペンクラブ副会長、日本旅行作家協会会長。

『持たない暮らし』(KADOKAWA)、『老いの戒め』『老いの覚悟』(ともに海竜社)など著書多数。

幻冬舎新書 375

家族という病

二〇一五年三月二十五日　第　一　刷発行
二〇一八年八月三十一日　第二十八刷発行

著者　下重暁子
発行人　見城　徹
編集人　志儀保博
発行所　株式会社　幻冬舎
〒一五一-〇〇五一　東京都渋谷区千駄ヶ谷四-九-七
電話　〇三-五四一一-六二一一(編集)
〇三-五四一一-六二二二(営業)
振替　〇〇一二〇-八-七六七六四三
ブックデザイン　鈴木成一デザイン室
印刷・製本所　株式会社　光邦

Printed in Japan　ISBN978-4-344-98376-2 C0295
し-10-1

幻冬舎ホームページアドレス http://www.gentosha.co.jp/
＊この本に関するご意見・ご感想をメールでお寄せいただく場合は、comment@gentosha.co.jp まで。

幻冬舎新書

鈴木大介
最貧困女子

「貧困女子」よりさらにひどい地獄の中でもがいている女性たちがいる。「貧困連鎖」から出られず、誰の助けも借りられず、セックスワーク(売春や性風俗業)をするしかない彼女たちの悲痛な叫び!

久坂部羊
人間の死に方
医者だった父の、多くを望まない最期

亡父は元医師だが医療否定主義者で医者の不養生の限度を超えて不摂生だった。父が寝たきりになって医療や介護への私自身の常識が次々と覆る。父から教わった医療の無力と死への考え方とは。

石蔵文信
なぜ妻は、夫のやることなすこと気に食わないのか
エイリアン妻と共生するための15の戦略

恋人が可愛く思え短所さえ許せたのは盛んに分泌される性ホルモンの仕業。異性はエイリアンにも等しく異なる存在で、夫婦は上手くいく方が奇跡だ。夫婦生活を賢明に過ごす15の戦略を提言。

香山リカ
弱者はもう救われないのか

拡大する所得格差、階級の断絶……もはや日本だけでなく世界全体で進む「弱者切り捨て」。古今の思想・宗教に弱者救済の絶対的根拠を求め、市場経済と多数決に打ち克つ新しい倫理を模索する、渾身の論考。

幻冬舎新書

諸富祥彦
悩みぬく意味

生きることは悩むことだ。悩みから逃げず、きちんと悩める人にだけ濃密な人生はやってくる。苦悩する人々に寄り添い続ける心理カウンセラーが、味わい深く生きるための正しい悩み方を伝授する。

曽野綾子
人間にとって成熟とは何か

年を取る度に人生がおもしろくなる人と不平不満だけが募る人がいる。両者の違いは何か。「憎む相手からも人は学べる」「諦めることも一つの成熟」等々、後悔しない生き方のヒントが得られる一冊。

岡田尊司
ストレスと適応障害
つらい時期を乗り越える技術

「適応障害」は環境の変化になじめなかったり、対人関係がうまくいかずに生じる心のトラブル。どうすれば改善するのか？　すぐに実践できる方法を、百戦錬磨の専門医がわかりやすく紹介。

藤原るか
介護ヘルパーは見た
世にも奇妙な爆笑！　老後の事例集

統計によると75歳以上の4人に1人は一人暮らしが困難となるため、親の介護は決して他人事ではない。実際に在宅の介護現場ではどんなことが起こっているのか、そのすべてがわかる一冊。

幻冬舎新書

中村仁一　久坂部羊
思い通りの死に方

現役医師2人が、誰も本当のことを言わない高齢者の生き方・老い方・逝き方を赤裸々に語り合った。医者の多くがなぜがんになるのか？　大往生は可能なのか？　等々、生死の真実がわかる。

小高賢
句会で遊ぼう
世にも自由な俳句入門

もともと「座の文芸」と言われる俳句。肩書き抜きでコミュニケーションを楽しめる句会こそ、中高年に格好の遊びである。知識不要、先生不要、まずは始めるが勝ち。体験的素人句会のすすめ。

岡田斗司夫 FREEex
オタクの息子に悩んでます
朝日新聞「悩みのるつぼ」より

朝日新聞beの人気連載「悩みのるつぼ」で読者や相談者本人から絶大な信頼を得る著者が、人生相談の「回答」に辿り着くまでの思考経路を公開。問題解決のための思考力が身につく画期的な書。

榎本博明
病的に自分が好きな人

まわりとトラブルを起こしてばかりの自分大好き人間が増えている。なぜ増えているのか、なぜ自分にしか関心が向かないのか等、その心理メカニズムから自己愛過剰社会の特徴までを徹底分析。

幻冬舎新書

植西聰
ゆるす力
怒り、憎しみ、恨みなど負の感情は、コントロールが難しく、どんどん増幅してあなたをむしばむ。「ゆるす」ことは至難の業だが、それができれば心は楽になり、毎日が明るいものに変わる。自由で幸福に生きるヒント。

諸富祥彦
人生を半分あきらめて生きる
「人並みになれない自分」に焦り苦しむのはもうやめよう。現実に抗《あらが》わず、今できることに集中する。前に向かうエネルギーはそこから湧いてくる。心理カウンセラーによる逆説的人生論。

押井守
コミュニケーションは、要らない
SNSというツールが、我々から真のコミュニケーションと論理的思考を奪おうとしている。我々はなぜ人と繋がろうとするのか。世界が認める巨匠が初めて語る、目から鱗の日本人論。

中村仁一
大往生したけりゃ医療とかかわるな
「自然死」のすすめ
数百例の「自然死」を見届けてきた現役医師である著者の持論は、「死ぬのはがんに限る。ただし治療はせずに」。自分の死に時を自分で決めることを提案した画期的な書。